心を動かす話し方

【大活字版】

堀 紘一

JN246828

はじめに

本書は2015年に上梓した『自分を変える読書術』の姉妹編である。幸いにして前著が多くの読者の支持を集めたことから、その続編として企画された。前著では、無類の〝本の虫〟である私が、膨大な読書経験に基づく情報のインプット（入力）の仕方とその意義について説いた。今度は、そのインプットした情報をいかにアウトプット（出力）するかという話し方をテーマとしている。

私はボストンコンサルティンググループ（BCG）の時代から、おそらく5000回以上の講演をしてきた。多いときは年間200回以上。数えたわけではないから、正確な回数はわからない。

たぶん1万回には達していないだろうが、少なくともその半分以上はやってきたという自覚がある。会議でのプレゼンテーションや商談・会合などでのスピーチを含めると、人前で話した回数は数限りない。

世の中に話し方や伝え方をテーマとする本は数多い。しかし、それをテクニック（技術）だけで何とかしようと考えると、本質を見失ってしまう。テクニックは「あれば、なおヨシ」というくらいのもの。肝心なのはテクニックではなく、第一に「話の中身」なのだ。

話し方の本質は「どう話すか」ではなく「何を伝えるか」にある。こう言ってしまえば当たり前のことに聞こえるかもしれないが、実際のところ多くの人がこの点を蔑《ないがし》ろにしている。

たとえ話術が巧みで流暢に話したとしても、肝心の話に中身がなくては、すぐに化けの皮が剥がれる。

中身のない話を流暢に話されると、相手に何となく怪しい印象を抱かれかねないし、信頼感さえ損ないかねないのである。

多少話術が劣っていたとしても、その人の話の中身が興味深ければ、相手は一生懸命に聞き取ろうとする。

話し方が上手な職種というと、多くの人の頭に真っ先に浮かぶのは、アナウンサーだろう。アナウンサーは商売柄、話し方が上手い。

しかし、アナウンサーはディレクターがこしらえた原稿を、そのまま間違えずに読むプロフェッショナルであって、独自の考えを伝えるプロではない。私たちは誰かが用意した原稿をそのまま読むのではなく、独自の考えを伝えなければならない。であるからして、アナウンサーのテクニックは、それこそ「あれば、なおヨシ」。身につける優先順位は低いのだ。

私は二十数年前、ある有名なNHKの元アナウンサーと対談をしたことがある。さすがに話し方は流暢だし、最初の5分くらいは興味深い人だと思った。ところが、面白かったのはその5分だけ。それから先は、話していてもちっとも面白くなかった。その人は原稿を正確に読むプロでこそあれ、他人が興味を抱くような話の中身をあまり持ち合わせていなかったのだろう。

このエピソードを踏まえて言うなら、話術をせっせと磨いても、相手が興味を持って話を聞いてくれるのはせいぜい5分が限度。いや、著名な元アナウンサーですら5分しか持たなかったのだから、素人なら3分と持たないだろう。

踏まえておいてほしいのは、「上手く話そう」と思わないことである。

相手が馬鹿なら、言葉巧みに一方的に話せば、こちらの言い分を説得できるかもしれない。しかし、ほとんどの場合、相手は馬鹿ではないし、商談などではかなりの確率でこちらより賢いことが多い。

相手が馬鹿でなかったら、小手先の話術で交渉を有利に進めようとしたり、薄っぺらい内容を盛って話したりしても、すぐに化けの皮が剥がれてしまう。

話し方、伝え方をテクニックとして磨くためにハウトゥ本を手に入れ、そこに書いてある通りに実践しているタイプは、意識しているか無意識かにかかわらず、周りや仕事相手を馬鹿にしている可能性が高い。

後で改めて触れるが、コミュニケーションの根幹は「相互尊敬」であり「相互信頼」にある。そして、その能力を最終的に決めるのは、話し手のなかに詰まっているコンテンツの広さと深さ。もっと言うなら「教養」である。

教養の深い人の話は面白く、何度でも会って聞きたくなる。

教養のない人の話は薄っぺらく、面白味がない。

本書の読者は、向上心があって、より高みを目指そうとする人が多いだろう。そういう人が、よりレベルの高い一流人たちと相対することを想定するならば、教養の土台は欠かせない。

教養を養うのは読書であり、他の人の話をよく聞くことにある。

教養を育むインプットの広さと深さこそが、アウトプットである話し方や伝え方の善し悪しを決める。

また、アウトプットが向上すれば、人から多くの話が聞けてインプットがさらに充実する。こうした好循環を生むための本質を、これから本書で伝えていこう。

目次　心を動かす話し方

第1章　話の中身を決める4要素

■話の中身はマトリックスで精査せよ　16
■新しい情報は全体の4割まで　18
■黄金比の中身は毎回変える　20
■講演では前列を定点観測　23
■市民大学講座の講演を断るワケ　26
■その場で相手が知らない情報の割合を減らす　28
■だれ場を挟み、山場を盛り上げる　30
■話は「13分以内」にまとめる　32
Column1 相手が正直かつ誠実であるか　34

第2章

話し上手は聞き上手

■話し下手ほど人の話をちゃんと聞かない　38
■聞く力は学ぶ力を高める　40
■「聞くこと」が営業の本質　42
■売れる営業、売れない営業　44
■自称・口下手は相手を思っていない　46
■「説得」するのではなく「納得」してもらう　47
■JALをコンサルティングしたときの苦い経験　49
■英語でのプレゼンはシノプシスがいる　52
■相手の背景の違いに配慮する　54
Column2　存在感を発揮できるワケ　56

第3章

話し上手は〝本質論者〟

■本質には誰もが耳を傾ける 60
■読書をして本質論者になろう 63
■「ひと言」にできるまで本質を追究 65
■「うちの業界は特殊ですから」と言う人 67
■相違点を深掘りしてみる 70
■1つのテーマを3つの視点で言い換える 72
■「結晶化」するまで考えて1行にまとめる 75
■3分先を考えながらしゃべる 76
■結晶化が難しいときは因数分解 80
■相手の疑問や不安を丁寧に解消してあげる 81
■どうしても説得したいなら「目力」 83
■むずかしいことをやさしく 84

Column3 日本のベンチャーキャピタルが嫌われる4つのワケ 88

第4章 シーン別の効果的な伝え方

■会議は6人までが理想 92
■会議に貢献しない人 93
■意見をストレートに伝えすぎない 96
■部下は言うことを聞かないもの 98
■「ホウレンソウ」ができる人、できない人 100
■「叱る」と「褒める」のバランス 102
■部下を伸ばす「質問力」 104
■「言った」「言わない」を避ける 106
■電話だけではミスが生じやすい 110
■メールを送っただけで伝わっているとは限らない 111
■会話術の根幹は「相互尊敬」 113

■謝罪で押さえておきたい4つのポイント 115
■プレゼンテーションは「転↓結」が効果的 117
■プレゼンシートは3枚以内 119
■最低10回は練習、3回は録画 121
■話が合わない人と仕事をするのは諦めよ 122
Column4 予断と先入観を捨てないと判断を誤る 126

第5章 日本人と外国人を惹きつける話し方の違い

■伝え方が下手なワケ 130
■人間は誰しも人見知り 133
■小さな失敗を毎日3回しでかそう 136
■相手との共通項をアピールしない 138
■コミュニケーションがリレーションを強める 140
■敬語を使えるとチャンスが広がる 142

■ＬＩＮＥが日本を衰退させる？ 143
■なぜアメリカ大統領はスピーチ上手なのか 147
■外国人は言葉以外に背景への理解が不可欠 150
■関心があるのに知らないことを探せ 152
■目にかけてもらえるような話し方 154
■肝心なのは内面を輝かせる不断の努力 157
Column5 裏表なく正直を貫く 160

第6章 「話が上手い」と感心される人

■弱みはのちに強みになる 164
■考えて悩むプロセスが欠かせない 166
■大事なことは「ピアニッシモ」で話す 168
■日本語は同音異義語が多いので早口を慎む 170
■3分間スピーチで時間感覚を養う 172

■話のつかみ方 176
■話をわかりやすくするエピソード 177
■空で話せるようになるまで噛み砕く 180
■話すときは相手の目を見る 182
■カトカンさんに学んだこと 184
■〝芸〟に見えるうちは話術も本物ではない 186
■ユーモアは天性のセンスが欠かせない 188
Column6 長く付き合うと化けの皮は剥がれる 190

第1章

話の中身を決める4要素

話の中身はマトリックスで精査せよ

話は中身が大切——わざわざ私に指摘されなくても、「そんなことは当たり前」と思うことだろう。

では、話の中身を精査する際、皆さんはどんなことをしているだろうか。そもそも、話の中身をきちんと精査しているだろうか。

私の経験からすると、精査していない、もしくは精査が足りない人がほとんどだ。そこで、まずは話の中身を精査する際、何を意識すべきかを教えよう。

どう話を組み立てれば、自分の言いたいことが相手に伝わるようになるか。話の中身、すなわちコンテンツを決める際は、つねに次ページのマトリックスを意識する。

雑談でも、商談でも、そして私がよくやるような講演でも、このマトリックスでコンテンツを組み立てる。

マトリクスを見てほしい。このなかで最悪なのは、「①相手が知っている話 × ④相手が関心のない話」の組み合わせでベラベラとしゃべること。関心がないうえに、

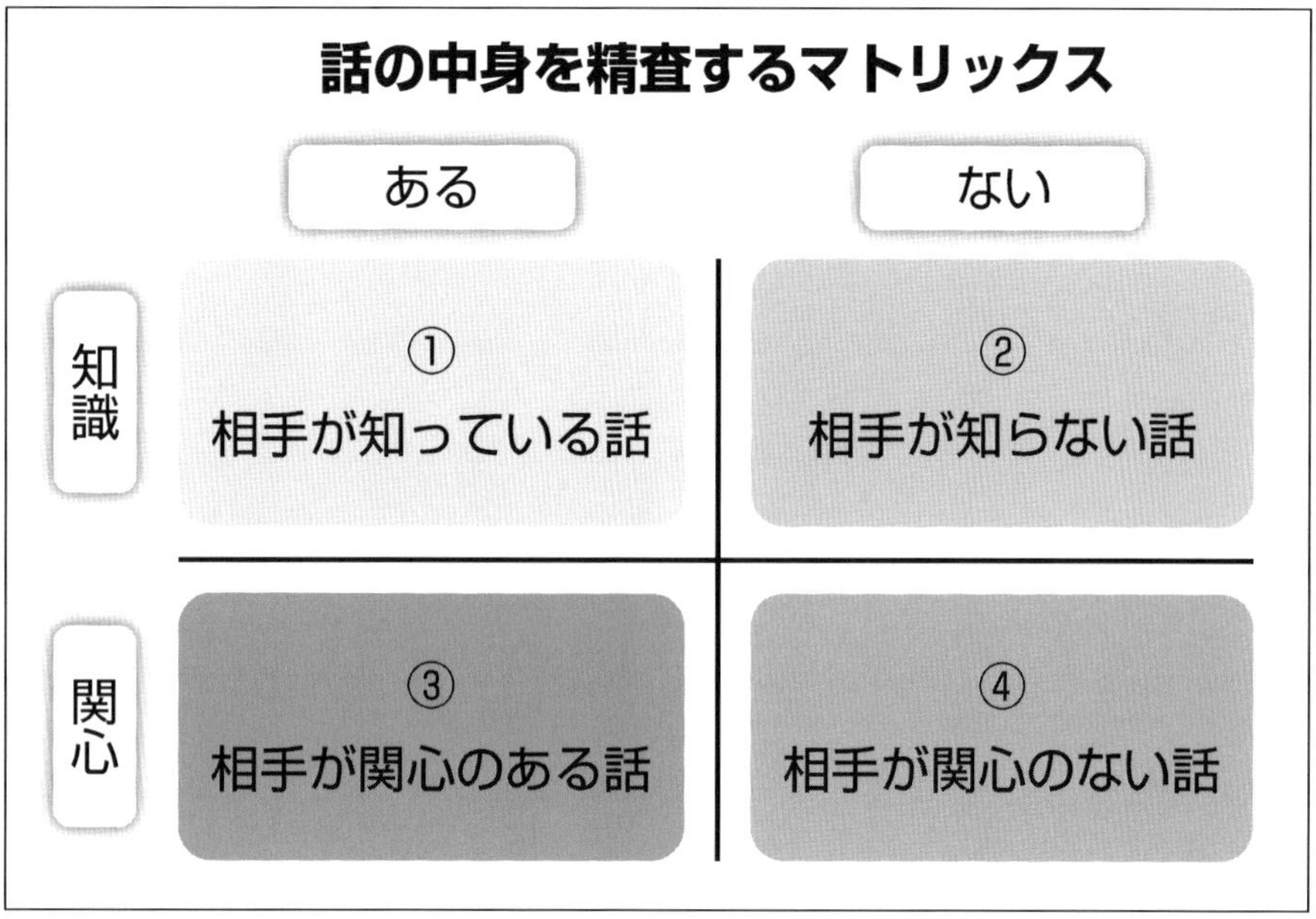

すでに知っていることを話してしまっては、相手の眠気を誘ってしまう。

また、「①相手が知っている話 × ③相手が関心のある話」という組み合わせでも、相手は退屈する。すでに知っていることばかり話しては、「退屈な人だな」と思われるのがオチである。

一方、「②相手が知らない話 × ④相手が関心のない話」の組み合わせは、貴重な情報を含んでいることがある。私が専門とする経営コンサルティングの分野では、その傾向が特に強い。もっとも、相手が関心のない話を無理やり伝えようとしても、なかなか伝わらない。

そう考えると最も効果的なのは、「②相手

が知らない話 × ③相手が関心のある話」という組み合わせであることがわかる。

だからといって、一方的に長々としゃべったりすると、「いい話が聞けて良かった」とは思ってもらえない。そこが難しいところである。

山海の珍味を取り揃えたご馳走でも、一気に食べすぎるとお腹を壊す。同じように、相手が知らない貴重な情報であっても、それを詰め込みすぎると消化不良を起こしてしまう。ひどい場合には腹を下して、相手に悪い印象を残す危険すらある。

新しい情報は全体の4割まで

「②相手が知らない話 × ③相手が関心のある話」、つまり「相手が知らない新しい情報を伝える」ということをベースに、効果的に話す秘訣は何か。

シンプルに言おう。

せっかくの丹精込めたご馳走のような話は、全体の4割までにとどめることである。残りの6割は「①相手が知っている話 × ③相手が関心のある話」をあえて話す。

意外に思われるかもしれないが、この配分によって相手は「今日はいい話が聞けて良かった」と満足する。

この「相手が知らない話：相手が知っている話＝４：６」を私は話の黄金比（ゴールデン・レシオ）と呼んでいる。

黄金比とは、古代ギリシア時代から建築や芸術の世界で用いられてきた比率であり、古代エジプトの大ピラミッド、アテネのパルテノン神殿、レオナルド・ダ・ヴィンチのモナリザにも活用されている。

この黄金比は数学者が導き出したものだが、話の黄金比は私の経験則から見出したものだ。

人はいくら関心のある話でも、知らない内容が４割以上含まれていると拒絶反応を引き起こす。それは、こういう事情からだと私は推測している。

もともと人間は好奇心豊かな動物である。しかし、その好奇心のままに行動しているると、崖から落ちて命を落としかねない。だから本能的に、一度に多くの新規情報に接すると警戒心を抱くようにできているのだろう。

それに、知らない話を理解するには、かなりの集中力が求められる。ところが、人の集中力はそんなに長続きするものではない。

そのため、一度に多くの情報を伝えようとすると、相手に理解できない部分が増えて、消化不良が生じてしまう。

相手が知らない情報を、4割までにとどめる理由はそこにある。

さらにもう1つ重要な点を指摘しよう。

人が教養を磨いて成長するために役立つことは、4割の「関心があるのに知らない話」に含まれている。だからこそ、知らないことに拒絶反応を起こさないように意識して、頑張って飲み込んで咀嚼してみることも必要になる。

言い換えるなら、知らない話をどれだけ熱心に聞けるかが、一流の人とそうでない人の決定的な差となる。

知らない情報に拒絶反応を起こさない姿勢こそが、学習能力を高めて明日のブレークスルーを招く。

黄金比の中身は毎回変える

あらゆる人にとって面白い話、ためになる話、いい話、などというものは地球上に存在しない。

顔かたちは１人ひとり異なり、食べ物の嗜好にも違いがある。情報に関しても１００人いたら、知りたいこと、知らないことは１００通り。関心があること、関心がないことも１００通りある。

そうなると、相手が知らない話を４割、相手が知っている話を６割という黄金比の中身は、通り一遍では役に立たない。相手に応じて毎回変えなくてはならないことになる。

そこが難しいところなのだが、世の中には相手の「興味」「関心」「理解度」を無視して、あらかじめ用意した話を独善的にベラベラとしゃべる人が多い。

たとえ同じ相手に話すにしても、その興味や関心は刻々と変わる。先週通用した黄金比の中身が、今週も通用するとは限らないのだ。

そこで頼りにしたいのが「探針（プローブ）」である。

探針とは、測定や実験などのために挿入する針のこと。ここでは相手の、その日の関心や興味を推し量る手段という意味で使う。

では、それをどのように実践するか。

本題に入る前の雑談などで相手の関心や興味がいまどのあたりにあるのか、理解度は以前とどう変わってきているのかを、相手の話を聞きながら見極めるのだ。

話を聞きながら得た感触をもとに、毎回4対6の黄金比の中身を柔軟に変える作業が欠かせない。

ビジネスパートナーなどを会食に誘うときは、「何を召し上がりたいですか？」と事前に確認する。それが相手の興味、関心、理解度を確かめる探針を入れる作業に相当する。

毎度、固定化された黄金比の中身で話そうとするのは、「前回は中華料理で喜んでくれたから、今回も中華料理でいいな」と安直に店の予約を入れてしまうようなものである。

相手は夏バテ気味で食欲がなくなっており、脂っこいものを避けたいと思っているかもしれない。

相手の立場になって考えるクセをつけておかないと、いずれ些細な行き違いから大きなエラーに発展しかねないのだ。

講演では前列を定点観測

話をするたびに探針を入れて、黄金比の中身を変えるのは難しいと思われるかもしれない。しかし、それは杞憂である。

「1対1」のサシで話すなら、状況に応じて話す内容を変えるのはそれほど難しくはない。それに、ある程度付き合いが深くなると、探針をごく浅く刺すだけでも、相手の興味や関心がわかるようになる。

ところが「1対多」となると、そうもいかなくなる。その最たるものが、講演という仕事である。

前述したように、私はこれまで講演を5000回以上はしてきた。ありがたいことにいまも国内外を問わず、講演の依頼は多い。

私の講演には「リーダーシップ」「コンサルティング」「ベンチャー」といったテーマがあり、コアとなる聴衆（コア・オーディエンス）の興味や関心には一定の傾向がある。だからといって、その反応を確認しないで、準備した話をそのまま話すわけではない。

多くの聴衆に「今日はいい話が聞けた」と満足してもらうためには、コア・オーディエンスの興味と関心がどこにあるかを素早くつかみ、それに則した黄金比の中身を即興で調整しなくてはならない。

告白すると、私も１００回くらいまでは、事前に用意した原稿を下敷きに講演していた。しかし、それではオーディエンスに満足してもらえないとわかり、以降は探針を用いてその場で話の中身を柔軟に変えている。

講演では、最初の５分が鍵を握る。

会場の前列には、その日のテーマに強い興味と関心を持っているオーディエンスが集まる。最前列と最前列から5列以内の4、５人をサンプルとしてピックアップし、定点観測しながら話す。そして、その日の黄金比の中身を定めていく。

話を聞いているうち、定点観測しているオーディエンスの顔が生き生きとなり、目がらんらんと輝いてくれれば、路線変更せずにそのましゃべり続ける。

身を前に乗り出してきたら、しめたもの。「話に思わず引き込まれる」という表現があるように、自らの興味と関心のある話をしている人に向かって、人間は無意識のうちに近づこうとするのだ。

定点観測しているオーディエンスが、上体を椅子の背もたれに預けてふんぞり返ってしまい、つまらなそうな顔をしていたら、赤信号。興味と関心の琴線から外れた話になっている証しである。

急いで路線変更をしないと、わざわざ集まってくれたのに、「今日はいい話が全然聞けなかった」「つまらない講演会だった」という残念な結果を招く。

この講演での経験則は、１対１のコミュニケーションにも使える。

探針を刺し入れて黄金比でしゃべっているつもりでも、相手が少し上体を反らしてつまらなそうな顔をしていたら、即刻話の路線変更を試みるのが正しい。相手の目が輝いて、身を乗り出して前のめりになってきたら、しめたものである。

講演の場合、本当にウケたかどうかを最終的に判断するのは、拍手である。

講演が終わると、「本日はありがとうございました。講師の先生に今一度、皆さまから大きな拍手をお願いします」といった司会者の誘導があり、パチパチパチと拍手をしてもらえる。私はその音色でウケた度合いがわかる。

オーディエンスは儀礼的に拍手をしてくれるから、どんな講演でも一応拍手はある。

その音の大きさではなく、音色でみんなが喜んでくれたのか、喜んでくれなかったのかがわかるのだ。

科学的な説明はできない。けれど、講演を何千回とやってくると、拍手に実が入っているのか、それとも単なる儀礼的なものかが判別できるようになる。

市民大学講座の講演を断るワケ

私は基本的に依頼があったら日本全国どこへでも、できる限り講演に出向いてきた。ただし、これまで何種類かの講演を断ってきた。市民大学講座が、その最たるものだ。市民大学講座とは、生涯学習の一貫としておもに地方公共団体が開設しているもの。「大学」という名前を冠しているものの、10代のＪＫ（女子高生）から80代のおじいちゃんまで、誰でも自由に参加できる形式を取っているところが大半である。

金儲けのために開設しているわけではないから、市民大学講座が主催する講演の多くは入場無料、有料の場合でも数百円程度。だから、幅広い年齢層の人がこぞって講演を聴きにやってくる。素晴らしいようにみえるが、実はこれが〝講演者泣かせ〟なのである。

考えてみてほしい。10代のＪＫと80代のおじいちゃんで興味、関心が重なる分野はどこにあるだろうか。

テレビのワイドショーが取り上げるような芸能スキャンダルなら、ひょっとしたら幅広い層にウケるかもしれない。しかし、私自身はワイドショーを見ないし、芸能界のスキャンダルに個人的な関心も情報源も持ち合わせていない。

だから私が芸能スキャンダルを話すことはできないし、ふさわしくもない。

幅広い層に響くテーマを、もう１つ挙げるとしたら政治がある。「アベノミクスは失敗だった」とか「安倍さんが総理大臣をやっている限り、日本は良くならない」といった話なら盛り上がるかもしれないが、それも私が話すべきテーマではない。私は基本的に政治にはニュートラルだからだ。

コア・オーディエンスが存在しないうえに、オーディエンス全般に話すべきテーマを持ち合わせていないとなると、もうお手上げである。そういうことから、私は市民大学講座からの講演依頼だけはお断りしている。

その場で相手が知らない情報の割合を減らす

講演に限らず、商談のプレゼンでも、私は事前に話す内容をガチガチに固めない。もちろん準備はするのだが、相手の反応を見ながら話の中身を柔軟に変えている。

野球にたとえるとわかりやすい。それはピッチャーが対戦相手のバッターの打順や戦術に応じて、球種やスピードを変幻自在に変えるのと同じ発想である（本書では私が大好きな野球のたとえ話が多くなる。いっときとはいえオリックス・バファローズのオーナー顧問を務めたこともあり、野球嫌いの人には申し訳ない）。

あるプロ野球のピッチャーのストレートが、せいぜい球速１４０～１４５km止まりだったとしよう。間違っても１６０km近い豪速球は投げられない。

プロのバッターにとって１４０～１４５kmのストレートは打てない球ではないから、変化球の切れ味が勝負をわける。そこでストレート40％、スライダー30％、それ以外のツーシームやカーブといった変化球が30％という割合で投げる。

ある日、マウンドに立ってみたら、スライダーの切れが抜群だったとしよう。普段よりも曲がりはじめが遅く、最後にキュッと曲がる。中軸のバッターが強振しても、バットは空を切るばかり。

一方、ストレートの調子は悪く、伸びがイマイチで切れが悪い。下位打線からもバットの芯で捉えられてしまい、冷やっとさせられる場面がちょくちょく出てきた。となると、ストレート40％、スライダー30％、その他の変化球30％という割合を見直す他ない。調子の良いスライダーの割合を増やし、その分、いま一つ調子が乗らないストレートの比率を減らし、さらにストレートはストライクゾーンではなく、外角へ外れるように投げる。

こうした調整はピッチャーの基礎的な戦術であり、これが毎回できたらシーズンを通してコンスタントに働ける。年間10勝以上あげて首脳陣の信頼も勝ち取れるだろう。その調子で数年間勝ち続けていたら、ひょっとしたらメジャーリーグからスカウトの１人も見に来るかもしれない。

同じように話し手も、オーディエンスの反応とその日の調子に応じて、臨機応変に話の組み立てを変えるべきなのだ。本来なら相手が知らない話を４割入れるのが鉄則である。でも、どうにもオーディエンスの反応が悪いときもある。

そういう場合、思い切って相手が知らない話の割合を2割とか1割にまで減らし、相手が知っている情報を増やしたりする。話の中身は、事前に用意したことに固執するのではなく、こうした現場での調節が求められるのである。

だれ場を挟み、山場を盛り上げる

長編小説は山あり、谷ありでないと読み手は飽きてしまう。落語でも、お客が盛り上がる「山場」がある一方、地味で退屈する「だれ場」をあえてつくる。そうすることによって、飽きさせないように引きつけている。

落語には「古典落語」と「新作落語」がある。なかでも山あり、谷ありの配分が重視されるのは、古典落語のほうだ。古典落語は、昔の人がつくったものを現代の噺家が話す。クラシック音楽を現代の演奏家が演奏するのと同じである。

落語ファンは、ストーリーの展開もオチもわかっている。大工の熊さんが威勢のいい江戸っ子であり、横丁のご隠居が物知りなのも知っている。それでも上手い噺家と下手な噺家がいるのは、山場とだれ場の塩梅の差によるところが大きい。

ビジネスパーソンの話も、落語と同じように、山場とだれ場を絶妙のバランスで配分するのがいい。終始一貫、盛り上げようとしてはダメなのだ。

山場に持ってくるのは、もちろん相手が知らない話である。だれ場に持ってくるのは、相手が知っている話だ。

はじめて聞く知らない話ばかりだと、相手の理解が追いつかない。合間に「その話なら知っている」というトピックを織り交ぜることで、安心して聞いてもらうのだ。だれ場をポツポツ入れると、山場がさらに引き立つという作用もある。

再び野球のピッチャーにたとえよう。

ピッチャーがスローカーブを投げた後に速球を投げると、相手バッターには実際のスピードよりも速く感じられる。あるいはデッドボールにならない程度に内角すれすれを攻めてから、外角低めにスライダーかストレートを放る。内角をえぐられたばかりのバッターには、ストライクゾーンから遠くに外れたように思えるから、バットが出ずに見逃し三振でしとめられるのだ。

同様に、だれ場を間に挟んでやると山場が一層面白く感じられて、相手が話に思わず引き込まれるという効果がある。

話は「13分以内」にまとめる

私が講演で話すときは、１つの山場が13分以内で終わるように気をつけている。

１対１でビジネスの話をしたり、大勢を前にプレゼンテーションしたりするときも、同様に〝13分ルール〟を守っている。

それはどんなに興味深く、魅惑的な話でも、聞き手の集中力はそれくらいしか続かないからである。13分を大きく超えると面白い話も記憶に残らないし、話が間延びすると逆につまらなく受けとめられる。

この13分ルールは、テレビからはじまった。

民放の２時間ドラマなどは、はじめの25〜30分はチャンネルを変えられないように、さほどＣＭを挟まないつくりになっている。

そこを超えると視聴者は展開が気になり、結末が知りたくなる。チャンネルを変えられる可能性は低くなるから、およそ13分に一度ＣＭを入れるようになる。いかに熱心な視聴者でも、ＣＭというだれ場を挟まないと集中力が続かないからだ。

ＣＭ明けには、ドラマが余計に面白く感じられるという効果もある。テレビアニメの30分番組が、通常３本立てで合間にＣＭを入れているのも、おそらく同じ理由からだろう。

ＣＭが入らないＮＨＫでも、朝の連続テレビドラマは１本15分。13分ではキリが悪いから、15分になっているのだと思う。

このように人間の集中力が13分ほどしか続かないのは、脳の安全装置の１つと考えられる。

同じ動きばかり続けると筋肉が疲労するように、脳の神経細胞も同じ回路ばかり使っていると疲労する。だから何かに一定時間集中したら、飽きさせて別のことへ関心を移すように仕向け、特定の神経回路にストレスが集中しないように分散している。

このような脳に組み込まれた安全装置に加えて、現代人は子どもの頃からずっとテレビを見ているから、山場は13分以内というリズムが体内時計のように自然に刻み込まれている。

だから、どんなに面白い話だとしても１つの山場は13分以内に抑えて、だれ場を適宜入れたほうが、効果的に情報が伝わりやすいのである。

Column 1

相手が正直かつ誠実であるか

私が55歳のときにつくったドリームインキュベータ（DI）という会社は、戦略的なコンサルティングと事業・産業のプロデュースなどに加えて、ベンチャー企業への投資であるベンチャーキャピタルも積極的に行っている。

本題から少しそれるかもしれないが、各章末コラムでは、DIの近年の活動について触れておきたい。

私たちのところには、多くのベンチャー企業から投資を求める売り込みがある。投資をするか、しないかの判断材料はたくさんあり、そのステップも細かくわかれている。その概略を説明しておこう。

大前提として、小規模な投資はしない。

投資金額が高くても安くても、こちらの業務内容に大差はない。かかる手間暇は同じだから、投資金額が安すぎるとコストがかかりすぎてリターンが少なくなる。

次に成功の確率がどの程度あり、投資コストに見合うリターンがどのくらいあるかを厳密にチェックする。

第三者の目で公明正大に見て、先方の見立て通りに成功するのか。成功するにしても、投資に値するほどの成功を収めるのか。成功確率を正確に割り出すためには、かなりのリサーチが要求される。

こちらが先方の業界を熟知していないこともある。その場合には、「分析と検討のお時間を少々ください。長くはお持たせしないと思います。その間に担当者から補足的な質問をさせていただくこともあります」と案内をしておく。

投資の世界はハイリスク・ハイリターンと言われるが、それほど甘いものではない。8割以上はハイリスク、ノーリターンなのである。

特にDIが得意としているベンチャー企業への投資は、100の案件のうちに、「投資して良かった」とあとで胸を張って言えるのは8、9件あるかないか。それゆえに綿密なリサーチが求められる。

データなど事実に基づく専門的な分析に加えて、相手が正直かつ誠実であるかどうかも疎かにできない判断材料となる。有利な投資条件がほしいばかりに、平気な顔で不利な情報を隠したり、実態を盛って強調したりすることも考えられる。

こちらもプロだから、安手のホラ話にひっかかるようなヘマはしない。フェイス・トゥ・フェイスで顔と顔、膝と膝を突き合わせて話を聞いていれば、相手が正直かつ誠実かどうかはわかるものである。

第2章

話し上手は聞き上手

話し下手ほど人の話をちゃんと聞かない

ありがたいことに「堀さんは話し上手ですね」と褒められることがよくある。

私はニコニコしながらも、「だって私はあなたより人の話をよく聞きますからね」と内心では思っている。

往々にして褒めてくれる人は、自分の話し方、伝え方にコンプレックスを抱いている。そして私の経験では、伝え方が苦手でコンプレックスを持っているタイプほど、人の話をよく聞かない傾向が強い。そして、その事実に本人は気づいていない。

一時期、よくテレビに出演していた影響だろう。私はよくしゃべる男だと思われているようだ。ところが、私が常時心がけているのは、話すことの前に、よく人の話を聞くことである。話し上手が聞き上手なのは言《げん》を俟《ま》たない。

話すときは、相手が何に関心を持っているのか、あるいは何を知りたがっているのかを踏まえなくてはならない。

だが興味、関心は、その人の顔や装いを眺めるだけでは推し量れない。興味と関心のありかを探るには、相手の話をひたすら聞く他ないのである。

医師は問診をして熱を計り、脈を取らないと、患者の顔色を見ただけでは処方箋を書けない。それと同じことだ。

相手にしゃべらせれば、しゃべらせるほど、相手の興味と関心の範囲と深さがどのレベルかがわかってくる。コンサルティングでもクライアントの話をじっくり聞いてから、どこで勘違いや誤解をしているか、トラブルの源はどこかを探り出す。

私の友人である田原総一朗さんは、事実に基づくファクツベースではいろいろなことを知っている。けれども、決して話し上手ではない。

テレビでの司会ぶりを見ればわかると思うが、彼は人の話を最後まで聞かず、途中で遮ってしまうことがよくある。

その代わりに田原さんは、自分が話したい話題を一方的に話して面白くしようとする。それは視聴率重視のテレビだからこそ、そして田原さんという希有なキャラクターだからこそ許される芸当なのだ。

一般のビジネスパーソンが人の話を聞かず一方的にしゃべっていたら、周りから敬遠されて仕事にならないだろう。

聞く力は学ぶ力を高める

話しが上手か下手かをテクニックの差として捉えるのは、偏った見方である。物事はそんなに単純ではない。

小手先の話術を駆使したとしても、あるレベル以上には向上しない。伝え方の良し悪しを決定的に左右するのは、話し手の教養の深さである。

再び、落語にたとえて説明してみよう。古典落語は話の中身は不変なのに、噺家によって面白さが変わる。そして、教養が深い噺家ほど面白い。

話の舞台となっている江戸時代とはどういう時代なのか。そこに登場する長屋はどのようなつくりをしているのか。熊さん、ご隠居さんの暮らしぶりはどんな具合で、何を食べていたのか。

面白い噺家はこれが全部、頭に入っている。だから、表現も豊かになる。教養に乏しい若手だと、笑いが起こる場面でもクスリとも笑いが起こらない。

話し上手になるには結局、教養の蓄積が求められる。その教養を得るのが学び。学びにおいて、私はことあるごとに読書の重要性を強調している。それに加えて人の話を聞くことも、教養を養う得難いインプットとなる。

優秀なビジネスパーソンに聞いてみると、例外なく「誰よりもお客さんから学ばせてもらった」と口を揃える。かく言う私もそうなのである。

私のコンサルティングの基礎をつくったのは、ハーバード・ビジネス・スクールでの2年間の学びだった。その後、ボストンコンサルティンググループ（BCG）でも、上司や先輩たちから薫陶を受けた。

それ以上に私を鍛えてくれたのは、他ならぬクライアントなのである。

小さな提案にしても、どういう表現がウケて、何がウケないのか。クライアントの表情や言動から感じ取り、試行錯誤でブラッシュアップしていく。

その結果生まれた成果の1つは、プレゼンを起承転結ではなく〝転結起承〟で行う後述のスタイルである（118ページ参照）。

読書が間接学習なら、クライアントからの学びは直接学習。どちらのほうが良いという話ではない。教養の蓄積には、両方とも欠かせない。間接学習があるから、直接学習は深くなる。直接学習があるから、間接学習も広がる。

聞いて、学んで、磨いた教養があるから、相手の心を動かすアウトプットができる。まずは相手の話をよく聞いてから、興味と関心と理解度に則した伝え方をする。それでこそ相手の心をギュッとつかめる。

聞き上手の男性は、女性からモテると言われる。その通りだろう。

ビジネスでもお客さんから愛される人は、話し上手である前に聞き上手である。聞き上手は女性にモテるし、お客さんに愛される。こんな分のいい話はない。だから早速、聞き上手になろう。

「聞くこと」が営業の本質

あらゆる職種で、話し方が勝敗をわけるのは何よりも営業職、セールスだと私は思っている。このセールスでの話し方を身につけるのが、何より難しい。それはセールスが本質的な矛盾を抱えているからである。

ハーバード・ビジネス・スクールのＭＢＡ講座の2年目に「セールスマネジメント」という選択科目があった。この授業では、セールスの本質をたった2つの単語で言い当てていた。それは「エゴ（ＥＧＯ）」と「エンパシー（ＥＭＰＡＴＨＹ）」。

エゴとは、自分のやりたいこと。自分が何をしたいかが明確になっていないと、セールスでは成功しない。営業職には「この自動車を売りたい」「このタワーマンションを売りたい」といった歴然たるエゴがいる。

エンパシーとは、「感情移入」という意味。もっとも、この訳語は辞書的な解釈でピンと来ない。私流に意訳するなら「相手の気持ちを理解する」という意味である。

セールスという職種は、自らのエゴを実現するために、相手の気持ちを理解しないといけない。けれど、相手の気持ちをわかりすぎると、売れない。

お客さんは、良いものをなるだけ安く買いたい。しかし、良いものを安く売ったら、こっちの利益が減る。そういう矛盾を抱えているから、セールスは難しい。

大学生に「就職したら、何をやりたい？」と聞いてみる。すると「マーケティングに携わりたい」「宣伝がしたい」「企画をやりたい」という大学生が圧倒的に多い。「営業をやりたい」という若者は少数派である。

私に言わせるなら、営業経験を踏まえないマーケティング、宣伝、企画は絵空事だ。まずは営業について現場で汗を流し、お客さんの生の声を聞く。そこから学び、売れない苦しみで悔し涙を流してから、マーケティングや宣伝、企画に移るべきである。現場を知らないマーケティング、宣伝、企画はチャンチャラおかしい。そしてまた、意味もない。

売れる営業、売れない営業

取り扱っている商品は同じなのに、売れるセールスと売れないセールスがいる。その差はどこにあるか。細かく点検すると切りがないが、突き詰めるとエゴとエンパシーの塩梅の差である。トヨタ自動車の高級車ブランド「レクサス」を例に説明しよう。自動車には「諸元」というものがある。諸元とは、エンジンが何千cc、燃費が何kmといった機械としての性能を示すもの。売れないセールスは、カタログに書いてあるようなレクサスの諸元を滔々《とうとう》としゃべり、ライバル車を優越するメリットを強調して売ろうとする。

レクサスを売りたいというエゴばかり強くて、エンパシーが完全に欠如しているわけだ。これではお客さんの共感は得られない。売れないのは自業自得である。

お客さんの話をじっくりと聞いてエンパシーを発揮すれば、その家族が何を大事にしているかという輪郭をつかめる。

売れるセールスは諸元を語る前に、お客さんの話を聞く。そして夫婦揃ってドライブ好きであり、中学１年生の長女と小学３年生の長男を宝物のように思っているといった事実を把握する。

そして、「このレクサスで週末に家族でドライブに出かけると、楽しい思い出がたくさんできますよ。静かですから移動中も快適です。安全性能もトップクラスなので、万が一の事故のときにもお子様を守ります」といった提案型の営業ができる。

レクサスがいかに高性能でも、自動車は所詮、道具である。道具を使いこなすと、どんな豊かで幸せな暮らしが手に入るのか。その夢を語ることができたら、エゴとエンパシーが両立する。

レクサスを売って営業成績を上げたいけれども、同時にお客さんにもレクサスを通じて幸せな日々を送ってほしい。その思いの強い人こそがトップセールスになる。レクサスを売るのではない。レクサスを通じた豊かな人生を売るのだ。

セールスの成功には、聞く力が不可欠である。テレビショッピングのように、セールスというのは売り口上、つまり話すことが仕事だと思っている人が多いが、それは誤解なのである。

相手の話をとことん聞いて、自らのエゴと相手のエンパシーのベストバランスを見つけ出す。セールスの極意は、これに尽きる。

自称・口下手は相手を思っていない

「私は口下手でして」という人がいる。

口下手とは、辞書的に解釈するなら、話すのが苦手であり、思ったことを上手に伝えられない人を意味する。

こうした〝自称・口下手〟の大半は、前述の通り、聞く耳を持たないタイプが多い。もっと言うなら、相手への配慮が足りない身勝手な人とさえ言える。

人様の話をよく理解しようともせず、一方的に話そうとする人こそ口下手。要するに身勝手だから聞き手を退屈にしてしまい、口下手に聞こえてしまうのである。

相手が何を知りたいのか、あるいは何に関心を持っているのか。前述した4対6の黄金比で話せたら、口下手になりようがない。

しゃべり方が多少ボソボソしていて聞き取りにくかったとしても、相手は一生懸命話を聞き取ろうとしてくれる。

口下手を改善するテクニックを説く人もいるが、再三再四指摘するように、より大切なのは、しゃべる以前に相手の話を聞いて思いやる気持ちである。

私に言わせるなら、「私は口下手です」というのは、「私は身勝手であなたへの思いやりが足りません」と自ら宣言するようなもの。たとえ謙遜しているつもりでも、「私は口下手です」という言い方は金輪際避けたほうがいい。

いらぬ謙遜をする前に、人の話をよく聞くようにしたほうがいい。もうひとつ、滑舌は良くしたほうがいい。その意味では、しゃべり方の練習も必要だろう。

「説得」するのではなく「納得」してもらう

経営コンサルタントは、経営の問題点を切れ味鋭く、明快に説明するのが仕事だと思われているらしい。しかし、事実は異なる。

経営コンサルタントは、新聞記者でもなければ野党の議員でもない。経営の問題点をドヤ顔で舌鋒鋭く指摘しようものなら、お金を払っているクライアントが不愉快になるだけだ。

「何を偉そうに。コンサルタント風情に、そんなことを言われる筋合いはない！」と逆ギレされかねない。

経験3、4年目くらいの若手コンサルタントは、その道理をわかっていないケースが多い。だから、必死になって問題点を洗い出して説得にかかろうとする。

その熱心さは買うが、私に言わせるとそれは三文の値打ちもない。単に設問に対する答案として優秀なだけであり、コンサルティングとしては落第だ。クライアントが不愉快になり、やる気をなくしたら机の肥やしになるだけである。

コンサルタントがいかに素晴らしい提案をしたとしても、クライアントがその通りに実践する気になってくれないと、それこそ絵に描いた餅に終わる。

クライアントを説得しようとするのではなく、「納得」してくれるように仕向けることが大切なのだ。その出発点は、やはりクライアントの話をよく聞くことにある。

「組織をどう変えたいですか？」「そのためには何が必要になりますか？」と話を引

き出しながら、納得してくれる提案の落としどころを探っていく。

「薄々そう感じていたけれど、やっぱりそうだよな。それくらい大胆にやらないと国際競争には勝てないよな」とクライアントに自ら気づいて納得してもらう。

コンサルタントに説得されて、しぶしぶ取り組んだ経営改革が成功した試しはない。自分たちが納得して推し進める改革しか成功しないのである。

ＪＡＬをコンサルティングしたときの苦い経験

偉そうに語っているが、もちろん私にも失敗談がある。もう30年も前のことだから隠す必要もない。山崎拓元衆議院議員が著した『ＹＫＫ秘録』のように、実話で話そう。

ＢＣＧ時代に日本航空（ＪＡＬ）のコンサルティングを請け負ったときの話である。

その頃、ＪＡＬには「シルク路線」と呼ばれる空路があった。日本からインドを経由して、サウジアラビアまで伸びる路線である。地中海諸国と中国を結んだ古代のシルクロードにちなんで、シルク路線と称していた。

ＪＡＬは多くの不採算路線を抱えていた。このシルク路線もその１つであり、毎年赤字を垂れ流していた。インド～サウジアラビア間は、搭乗客が数えるほどしかいない日ばかり。インド人やサウジアラビア人のお客さんを取り込めば搭乗率は上がるのだが、それは禁じ手だ。

国際的な民間航空運送は二国間協定がベースだから、日本から出る旅客機には日本から乗るか、日本に行く人以外は乗せてはいけないルールになっている。それ以外は、各国のローカルなエアラインの仕事だからだ。

いまも日本から南米へ直接乗り入れる旅客機が一機も飛んでいないのは、二国間協定があるため搭乗率が下がり、採算が合わないからである。だから私は「シルク路線はどう考えても採算が合いません。廃止しましょう」と提案した。

キャビン・アテンダントは全員日本人で、給料はべらぼうに高かった。香港人（香港はまだ中国に返還されていなかった）なら人件費が安く済むうえ、英語と広東語が話せる。

彼らを少し雇用して、香港～東京、東京～ロサンゼルスといった路線に一部入ってもらう改善策を提案した。いま考えても真っ当な提案だったと思うが、受け入れてもらったのはその一部だけだった。

私が「このまま放漫経営を続けると、会社はいずれ倒産しますよ」と言ったら、社長以下の経営陣は「堀さん、うちは去年史上最高益だったんですよ。倒産なんてあり得ません」と、みんなゲラゲラ笑った。

私は「そうでしょうか。私の計算では、このまま突き進むと15年以内に倒産します」と啖呵を切ったが、その後、ほぼ計算通りの現実が待ち構えていた。

２０１０年、ＪＡＬは関連グループを含めて2兆３２２１億円という巨額の負債を抱え、東京地方裁判所に会社更生法の適用を申請。即日受理されて倒産したのである。

経営コンサルタントは予言者ではない。ＪＡＬの倒産は数学というより、算数レベルの簡単な計算でわかり得たことである。改革案を納得してもらえなかったのは、相手の気持ちを理解する私の力量が未熟だったと反省する。

あのとき倒産という言葉を笑い飛ばした経営陣は、ＪＡＬが会社更生法の適用を申請したとき、恐らく会社に１人も残っていなかっただろう。経営陣に訴えるのではなく、30歳前後の中堅どころの話をもっとたくさん聞いて、意識改革を促せば良かった。

「君らがようやく部長になるときに会社が倒産したら、住宅ローンの返済も滞るし、子どもの教育費も捻出できなくなる。だから、ちょっと協力してくれよ」などと言って仲間に引き入れていたら、巨艦ＪＡＬの進む道も少しは変わったかもしれない。

このとき、ＪＡＬの社員で「彼は見込みがある」と思って声をかけたのが御《み》立《たち》尚《たか》資《し》君だった。後に彼はＢＣＧの共同代表になるのだが、それがこのときの成果といえば成果である。

英語でのプレゼンはシノプシスがいる

講演でオーディエンスを観察する重要性はすでに述べた。さらに私は講演中、オーディエンスの意見を直接聞く。トータル90分の講演なら、途中5回くらいはオーディエンスに話しかけて反応をうかがう。

演壇から下り、前方に座っている聴衆に近づいて、「いまの話、どうですか？　あなたはどんな意見ですか？」などと聞いてまわる。その反応次第で、その後の話の中身を調整するのだ。

私は英語でも講演する機会がある。

私は日本人のなかでは、英語はできるほうだと自負している。それでも日本語よりは下手だから、英語の場合はシノプシス（講演要旨）をきめ細かくつくる。英語で話すとロジカルにならざるを得ないという理由もある。

日本語と英語を比べると、英語のほうがよりロジカルな流れを好む。日本語での講演は、どちらかというと情に訴えるように頭のなかで設計してしゃべる。一方、英語での講演は、ロジカルに物事が流れるように設計する。だから、設計図となるシノプシスがいる。もちろん、つくったシノプシスは事前に頭に入っているので、英語でも講演中に原稿は見ない。

近年は、中国人を相手に講演する機会も増えてきた。

その際、英語で講演するときと、日本語で講演するときがある。いずれも中国語の同時通訳が入るケースと、一区切りごとに中国語で逐語通訳が入るケースがある。

同時通訳だと時間的なロスはないが、逐語通訳だと60分の講演でも私がしゃべっているのは実質30分くらいになる。時間は短くなるが、逐語通訳だと通訳している間にオーディエンスをつぶさに観察できるというメリットがある。そこで反応を見ながら内容が修正できるから、短時間の講演でも密度が濃くなる。

相手の背景の違いに配慮する

後述（178ページ参照）するように、話にはエピソードを盛り込みたい。それは英語での講演でも、日本語での講演でも同じであり、エピソードなしだと退屈なのは洋の東西を問わない。

また、日本人にウケるエピソード、欧米人に響くエピソード、中国人が喜ぶエピソードは同じではない。それぞれのオーディエンスに合うようなエピソードの見極めは欠かせない。

海外で講演するときには、バックグラウンドの違いにも気をつけなければならない。日本で「通信大手3社の新規事業戦略」というテーマで話をするなら、背景説明は最小限で済む。ところが、同じテーマをイギリスで話すとなると、次のような背景説明がいる。

「日本には通信大手が3社あります。そのうちの1社のソフトバンクは、イギリスのボーダフォン・グループの日本子会社を買収して新たに参入した会社です。日本のスマートフォンの料金プランは国際的に見ると大変高めに設定されています。高校生の女の子でも、平均で毎月1万円ほど払っています」

聞き手の背景に配慮しなくてはならないのは、海外での講演にとどまらない。日本人相手に話すときも同じだ。

相手の置かれている状況を考えないで好き勝手に話しても、相手には伝わらない。背景を知るうえでも不可欠なのが、相手の話を聞くことなのである。

Column 2

存在感を発揮できるワケ

ずいぶん前から、ベンチャー企業を支援するアメリカのベンチャーキャピタルの世界では、「クラブ・ディール（起業家や投資家）」によるやり方が主流になった。

特に企業の買収と再生を行い、その後に事業を売却して利益を出す「バイアウト」の案件は、ほぼクラブ・ディールによって行われていると言っていいだろう。

クラブ・ディールとは、複数の投資家が〝クラブ〟を組み、共同で投資をすることだ。アメリカには、個人で1000億円単位の資金を保有し、仲間を募って投資をしている連中がゴロゴロいる。

クラブ・ディールなら比較的小規模のベンチャーキャピタルでも大きな案件に投資できるし、仲間がいるからリスク分散もできる。

さらに複数の投資家が複眼的に案件を精査すると、分析もリサーチも多面的になり、成功する確率が高まる。

これがアメリカでクラブ・ディールが主流になってきた理由である。

DIは近年、アメリカのクラブ・ディールのメンバーたちから声がかかる機会が増えてきた。

それはDIとクラブ・ディールのメンバーたちとの個人的な信頼関係がベースになっている。

さらに「大きな社会問題を解決しよう」「世界を変えよう」という共通認識の存在も大きい。

また、DIの日本とアジアのネットワークとインサイト（洞察力）が高く評価されているということもあろう。

日本の他のベンチャーキャピタルや大企業より高く評価されているのは、たぶんこうした点である。

「シード・マネー（ベンチャービジネス創設のために投入される当初資本）はわれわれ4人が出す。でも、このビジネスは将来、日本やアジアでの展開も視野に入れているから、ドリームインキュベータも一枚噛まないか？」

こういう誘いは、年々増える一方である。日本人でありながら、欧米流でも違和感のない、むしろ一緒に仕事がしやすく、コミュニケートしやすい会社でありスタッフであることが強みとなっている。

第3章

話し上手は〝本質論者〟

本質には誰もが耳を傾ける

太平洋戦争の体験記を残した人は、日本に何百人もいると思う。飛行機乗りだけでも１００人以上が体験記を書いており、私はほぼ全部読んでいる。

そのなかでも、圧倒的に面白いのは、坂井三郎さん（１９１６〜２０００年）が書いた『大空のサムライ』である。

坂井さんは、旧日本海軍に属していた零戦《ゼロ》のエースパイロットの１人。「坂井さんの次に面白い体験記を書いた飛行機乗りがいたら教えてください」と頼まれても、誰も思い浮かばないくらい圧倒的に面白い。

『大空のサムライ』は日本でロングセラーとなり、世界各国で翻訳されている。そのうえ、彼は世界数十カ国で講演している。日本の旧軍人で、これだけ世界中から請われて講演した人物は坂井さんしかいない。

大将でも中佐でもなく下士官だった坂井さんが、これだけ世界的に評価されるところに日本の組織の矛盾が垣間見える。

それはなぜか。彼の話は、物事の本質を射抜いているからである。本質は本質であるがゆえに国境を越える。人種も性別も言語も問わず、本質を語る者に人は惹きつけられるのだ。

たとえば、こんなエピソードがある。

出撃前夜、戦闘機乗りたちに「酒保」が開放される。

酒保というのは、兵営で日用品や食料品を扱っているところだ。酒保というくらいだから、お酒も扱っている。明日死ぬかもしれないから、冥土の土産に飲みたいだけ飲んでいい。

でも、恐怖を振り払うかのように酔っ払う戦友を尻目に、坂井さんは出撃前夜に一度も酒を飲まなかった。酒を飲むと翌日、出撃前に済ませる計器などのチェックが甘くなるからだ。

いまのジェット機はハイテク満載で多重のバックアップシステムがあるが、太平洋戦争時のプロペラ機はアナログで、１つのミスが命取りになる。

坂井さんは、戦いがない日は真っ昼間から飛行場の芝生に寝転がり、遠目が利くようにじっと空を見つめていた。

真偽のほどはわからないが、彼によると最終的には真っ昼間でも星が見えるようになったという。

戦闘機同士の戦いでは、先に敵を見つけたほうが圧倒的に有利である。先に発見し、敵の後方の高いところで、できれば太陽を背にしてポジションを取る。こうすると敵機はこちらが見えないし、撃てない。こちらは好きなだけ狙い撃ちできる。だから勝つか、最低でも引き分け（取り逃がし）に終わり、負けはない。

旧日本軍に実用に耐えるレーダーはなかったから、敵機の発見は肉眼に頼らざるを得なかった。だから、彼は目を鍛えるために星が見えるまで空を眺めていたのだ。

ここで紹介したエピソードは、いずれも物事の本質に通じている。酒保の話は、何事も入念な準備を忘れてはならないと教えてくれる。昼間に空を眺めたエピソードは、自らの弱点をカバーする不断の努力の尊さを示している。そんな本質が読み取れるからこそ、坂井さんの本は世界中でロングセラーとなっているのだ。

彼は外国語ができないから、講演は通訳を介していた。一般的に通訳を介したスピーチは、本来のテンポが殺《そ》がれるために迫力に乏しく、面白みに欠ける。ところが、坂井さんの話は本質を突くから、通訳を介してもなお強い訴求力があったのである。

読書をして本質論者になろう

野球評論家の野村克也さんは、話が面白いと評価が高い。私もそう思う。

野村さんは〝ボヤキ節〟と称される独特の節回しでボソボソと話すから、話し方が上手とは言えないだろう。それでも野球ファンのみならず、多くの人が耳を傾けるのは、常に物事の本質を突く本質論者だからだ。

「失敗の根拠さえ、はっきりしていればいい。それは次につながるから」

「自己を過大評価した瞬間から、思考の硬直がはじまる」

「好かれなくても良いから、信頼はされなければならない。嫌われることを恐れている人に、真のリーダーシップは取れない」

「上手くいっているときは、周りに人がたくさん集まる。だが、いちばん大切なのは、どん底のとき、誰がそばにいてくれるか」

「勝ちに不思議の勝ちあり、負けに不思議の負けなし」

いずれも野村さんの名文句だ。野球の話をしているのだが、ビジネスや人生そのものにも通じるのは、本質を突いているからである。

最後の「勝ちに不思議の～」は野村さんの創作ではない。江戸時代の松浦静山が著わした剣術書『剣談』が出典である。

野村さんは読書家なのだろう。「目が悪くなるから、野球選手は読書をしてはいけない」と言われた時代もあったそうだが、プロ野球の名選手には野村さん同様、意外に読書家が多い。

野村さんは現役時代に、ピッチャーの投球モーションから球種を読み解く技術を磨いて大打者になった。そのきっかけになったのも、読書である。

当時としては斬新なこの発想は、打撃不振に陥ったときに読んだテッド・ウィリアムズ（1918～2002年）の『バッティングの科学』からヒントを得たと言われている。

テッド・ウィリアムズは、メジャーリーグで三冠王を2度獲得し、1941年には年間打率4割を記録した〝打撃の神様〟である。

野村さんの例からわかるように、物事の本質を射抜くには教養が不可欠。それを養ってくれるのが読書なのである。

「ひと言」にできるまで本質を追究

そもそも本質とは何か。

それは、最も大事なものであり、物事の根源である。

根源だとしたら、物質を分子に分解して、分子を原子にすれば、おのずと本質に至るのだろうか。それは必ずしもイエスとは言えない。

後述するように、分子を分解して原子にしたおかげで、本質からかえって遠のくこともある。本質を捉える難しさだ。

自分が本質を理解しているかどうか、セルフチェックする簡単な方法がある。

仮に上司から「要するに問題の本質は何なの？」と問われたとしよう。その質問にひと言でずばり答えられないようでは、本質を理解しているとは言えない。

本質論者になるには、枝葉を取り去って物事を見るクセをつける。枝葉とは、物事の本質を覆い隠している邪魔物である。

枝葉を取り去る作業が自分だけでは難しいとしたら、同じようなテーマに興味を持っている人たちと議論するといい。三人寄れば文殊の知恵だ。

はじめはピントの合わない議論になるかもしれないが、それはそれでOK。次に集まったとき、前回の議論の反省点を持ち寄り、修正してブラッシュアップすればいい。本質を一発で捉えるのは難しい。試行錯誤をしながら近づくしかない。

本質に限らず、日本人は何事もすぐに正解を得ようとする悪いクセがある。思い当たるなら即刻直してもらいたい。

一発で正解を得ようとするのは、ゴルフでホールインワンを達成するよりも遥かに難しいと思ったほうがいい。ゴルフに例えるならば、4打目でグリーンに乗せて、3パットでカップインできたら、拍手喝采。ゴルファーとしては褒められないが、本質論者としてはこれくらいで上出来なのだ。

こう説明しても一発で正解を得ようという思いが捨てられないのだとしたら、それは日本の悪しき学校教育の影響が強すぎるのだろう。日本の学校教育では正解のある問題しか出さないからだ。

そして学校では最短距離で正解にたどり着く方法を教える。そういう学校教育が身についているから、一発で正解を得たくなるのも仕方ない。

しかし世の中には、学校の勉強のように正解のある問題はむしろ少ない。答えがない問題のほうが多いのである。

欧米あたりの教育では、正解のない哲学的な問題を出して、学生に徹底的に考えさせる訓練をさせる。正解のないクエスチョンが山積みになっている現実社会に出たとき、日本型の教育と欧米型の教育のどちらが有効かは自明である。

「うちの業界は特殊ですから」と言う人

私はコンサルティング業界随一の本質論者と見なされている。

「堀さんは奇抜なことは言わない。あの人は常に本質をつく」という評価を得ている。

物事の本質を語ると、「それは当たり前のことでしょう」というような反応が返ってくることがある。そういう反応をするのは、だいたい凡庸な人間だ。

本質を目の当たりにしたとき、次にどういう展開があり得るかを考えていないから、そういう上っ面だけ捉えた反応になる。このように本質を馬鹿にする人は、多くの場合、そこから先の思考が止まっている。

「それは当たり前」という発言は、自分で自分が凡庸であると高らかに宣言しているようなもの。本質が奇抜であるわけがない。

水はどこまでいっても水素と酸素の化合物、H_2Oに他ならない。そこを認識してから議論をはじめないと何も生まれないのだ。

私の経験からすると、経営コンサルタントに斬新な提案を求めるクライアントは多い。そういうクライアントのなかには、私たちがプレゼンした提案に、それこそ「水がH_2Oであることは知っていますよ」といった反応を示す人もいる。

そういうクライアントに限って、自分たちが抱えている問題の本質に気づいていない。それだけ灯台下暗しなのだから、経営コンサルタントのような第三者のサポートなしに、自ら本質に気がつくケースは滅多にない。

また、問題点の多いクライアントに多いのが、「うちの業界（会社）は特殊ですからね」という反応である。

そこからは、次のような押し問答がはじまる。

「どこが特殊なのですか？」

「いやいや、どこから話せばいいのか、見当がつかないほど特殊です」

「時間はたっぷりあります。はなから全部教えてください」

そうやって聞き出してみると、特殊なことなんて1つもない。

どこの業界、どこの会社も似たような課題を抱えている。ただそれが大きく表れたり、小さく表れたり、因果関係が逆になったりしているだけで、経営の本質は同じなのだ。

彼らがなぜ「うちの業界は特殊」と主張するかというと、単純に他の業界を経験してないからである。製造業からサービス業まで、多くの業態を横断的に見ている経営コンサルタントと違い、見識が狭いから「うちの業界は特殊」と思い込むのだ。

日本国、日本民族が特殊だという主張を耳にすることもあるが、私に言わせるとそれは正鵠《せいこく》を射ない。

日本しか知らないから、そう思い込んでいるだけ。

諸外国の人たちと比べて、日本人に特殊なところがまるでないわけではない。しかし、99％は諸外国の人たちと同じなのだ。他の国の人たちのことをよく知らないだけである。

それは日本が島国であること、それに長く鎖国していたことと深い関係がある。

相違点を深掘りしてみる

経営コンサルタントのプレゼンには、プロジェクトの最後に行う最終報告と、プロジェクト期間の半ばに行う中間報告がある。

中間報告では事実に基づくファクツをベースに、「こういう事象やデータがある」という指摘をする。

その背景にどんな因果関係があり、どう対処するかという結論は、中間報告ではあえて示さない。だから、中間報告の冒頭で「本日は、結論はございません。最終報告はお約束の2カ月後にします」と宣言する。

中間報告が終わると、社長あたりが「堀さん、結論はまだ出ていないと言うけど、目星は大体ついているんでしょ？　現時点でベストな推測はどうなっているの？」と搦《から》め手から攻めてくる。

それに対してこちらから「因果関係はまだ証明できていませんが、こういう関係性がある疑いが濃厚です」という見立てを伝えることもある。でも、それはレアケース。

中間報告の段階で、不用意に見立てや推測を伝えてしまうと、それを最終結論のように扱われることもあるから、気をつけないといけない。

中間報告で見立てや推論を語る代わりに、私は逆に質問をしていた。

「本日の中間報告で、何が最も興味深かったのかを教えてください。それが最終提案への有力な鍵になるかもしれません」と尋ねるのである。

コンサルティングは、コンサルタントだけがすべてを背負い込む仕事ではない。クライアントと手と手を取ってベストなアンサーを見つけるのが、コンサルタントという商売である。

だから私はよく質問をするし、相手の意見も丁寧に聞く。そのインプットが最終報告の段階で優れたアウトプットを生む。

コンサルタントの主要な仕事を、事象やデータといったファクツの分析だと勘違いしている人がいる。コンサルタントの仕事の肝となるのは、ヒアリングを重ねて意見を聞くことにある。

興味深いことに、同じ会社でも本社の社員と現場の社員では話す内容にズレがある。販売店で聞く話は、本社よりも現場の意見に割合近い。さらにエンドユーザーの意見を聞いてみると、本社とも現場とも販売店とも全然違ったりする。

では、なぜ意見に違いが生じるのか。

それは、こちら側の調査が甘いことが考えられる。

ヒアリングというのは、質問の設定を少し変えるだけで答えはすっかり変わる。甘いと思ったらリサーチを徹底してヒアリングの精度を上げ、調査する母数をもっと増やさなければならない。

ヒアリングを徹底しても、意見の食い違いが埋まらないこともある。そこにこそ、問題の本質が隠れている。

立場が変われば、感じ方や捉え方は変わる。ラグビーボールだって真横から見たら楕円だが、真正面から見たら丸だ。意見の割れる部分を深掘りして、問題の本質に至る。それがコンサルタントの本懐なのである。

1つのテーマを3つの視点で言い換える

自分ではわかりやすく話しているつもりなのに、聞き手には伝わらないということもある。

知人や同僚から「おまえの話はわかりにくい」「結局何を言いたいんだ？」と指摘された経験があるなら、要注意。決まって長文のメールを送ってくる人もいるが、そういう人に限って最後まで我慢して読んでも、何を伝えたいのかがさっぱりわからなかったりする。

話し言葉でもメールでも、的を射ない伝え方をする人は、そもそも本人が何を伝えたいのかがまとまっていないのだろう。

テレビのニュース解説やネットの記事などを鵜呑みにして、他人の言葉でわかったつもりになっている人も多い。

そうやって自分の頭で考えて理解してない話をしゃべっても、他人が理解するわけがない。だから「おまえの話はわかりにくい」「結局何を言いたいんだ?」となる。

私は話がわかりにくい人に「別の言い方で表現してごらん」とアドバイスする。

すると口をもごもごさせて、言い換えられない。別の視点から語れないのは、まだ自分のなかで消化しきれておらず、わかったつもりになっている証拠である。

本質に焦点を合わせて理解をしようと心がければ、３つくらいの視点で捉えて言い換えられるようになる。

その訓練として、1つのテーマを最低3つの視点で捉えて言い換えられるまで、徹底的に考えてみることだ。

こうすることによって物事を複眼的、俯瞰的に捉えるクセがついて、物事の理解力が高まる。

物事の捉え方は本人が知らないうちに固定化しており、それが見識を狭める大きな障害になるので要注意だ。

たとえば人工知能を語るなら、意思決定支援システム、ディープラーニング（深層学習）、シンギュラリティ（技術的特異点）といった3つの視点が挙げられる。

意思決定支援システムとは、人工知能などを活用した企業や組織の意思決定をサポートする仕組み。ディープラーニングはデータの特徴を自ら学習する仕組みであり、シンギュラリティは人工知能の能力が人間を超えることで起こる出来事を意味する。

この3つの視点を深掘りして、それぞれを通俗的な説明とは違った言い方で換言できたら、人工知能についての理解が格段に深まる。そして他人にわかりやすく話せるようになるというわけだ。

「結晶化」するまで考えて1行にまとめる

３つの視点で物事を捉えて言い換えたら、次にそれぞれをできるだけ端的に短くまとめる作業に入っていく。それが本質に近づく道である。

長々と話すのに意味不明の人は、本質への理解が根本的に足りない。

私はよく「とどのつまり、何が言いたいの？　１行で言ってごらん」と尋ねる。相手が「１行で？」と怯《ひる》んだら、「しょうがない。オマケして2行にしてあげるよ」と畳み掛ける。表面上は複雑に思える事柄でも、本質は2行もあれば語れるものだ。

英語に「クリスタライズ」という言葉がある。日本語でいうと「結晶化」。本質を理解しないで平気で長話をするタイプは、この結晶化が足りない。本質は結晶のなかに潜んでいるのだ。

ダイヤモンドは無数の炭素分子からできている。炭素の集まりである黒鉛から人工的にダイヤモンドを結晶化させるには、１５００度以上の高温と６万気圧という途方もない圧力がいる。

同じように、物事をわかりやすく伝えようと決意したら、コンテンツの本質が1行に結晶化するまで、頭が熱くなって湯気が出るまで考えに考え抜く覚悟がいる。

そうやって考え抜いた言葉は、ダイヤモンドの輝きが問答無用であらゆる人々を魅了するように、多くの聞き手を魅了する。

結晶化されていてない言葉は炭素や黒鉛のままだから、人の心を動かす輝きを放てないのである。

「堀さんはスライドもメールも短いですね」と社員からよく言われる。スライドやメールが短いのは、伝えたいことを結晶化する習慣がついているからだ。

ビジネスパーソンは、日常的に何十通というメールのやり取りをしている。ぶっきらぼうにならない範囲で文面をできるだけ短く削り、本質だけを的確に伝える訓練をしておくと伝え方も上達する。

3分先を考えながらしゃべる

私にとって優れた文章とは、句点（。）で終わる丸切れしている短いセンテンスである。「が」とか「けれども」といった接続詞に続く読点（、）をなるべく挟まない。

それでも順接なのか、逆接なのかがわかる。順接とは、前後の文章が予想通りストレートにつながる接続の仕方。逆接とは、前後の文章の意味合いが予想に反して異なる接続の仕方である。

理想の文章に近づくためには、話し言葉同様に書く内容が結晶化、クリスタライズしなくてはならない。コンテンツがクリスタライズしてない人に短い文章は書けないのである。

うちの社員で冗長な文章を書く社員がいると、「文章の内容をもう少し考えてみなさい。考えれば、みんな丸切れになるんだ」と突っ返す。

しゃべりも文章と同じ。センテンスはできるだけ短く、接続詞を使わずに短くしゃべるのがベスト。そうなると、「話がお上手ですね」と評価される。

話し言葉と書き言葉は、互いに関連性があるにしても、完全に同一ではない。だから話すニーズの高い人は話すほうから練習すればいいし、書くニーズの高い人は書くほうから訓練していけばいい。

片方が上達すると、もう片方も上達する。相乗効果で表現力は底上げされる。

私は経営コンサルタントに転身する以前、読売新聞の記者をしていた。新聞記者時代、要点を結晶化するまで文章を短く、端的に書く鍛錬をとことん重ねた。

新聞記事というのは、その面のトップ記事でも70行前後。私が新聞記者だった頃は、新聞の1行は15字だったから、70行で1000字程度にすぎない。

1段にまとめられたベタ記事なら、記事によっては5行。たった75字でメッセージを伝えなければならない。この記者時代の経験が、私のプレゼンや講演が評価される背景の1つとなっている。

その後、三菱商事を経て経営コンサルタントに転身すると、執筆の依頼が増えた。原稿用紙には400字詰めと200字詰めがある。私が好んだのは200字詰めのほうだった。これを「ペラ1枚」という。

執筆に没頭する日は、ペラ100枚から120枚書いていた。1冊の本の文章量はペラ600枚前後だから、5日から6日で1冊仕上がる。

私の記憶では、最盛期はその600枚のペラのなかで、編集者が赤字で修正を入れたのが4カ所しかなく、あとは書いたものがそのまま最終稿になって印刷に回った。

通常、著者の原稿には編集者が山のように訂正の赤字を入れて真っ赤になる。当時の編集者に「堀さん、これは野球でいうなら完全試合みたいなものですよ」と驚かれたものである。

なぜ、そんな完全試合が可能になるのか。それは私の頭のなかで、書く前に隅々まで全体のビジョンができ上がっているからだ。

当時はいまと違って１００％手書きである。パソコンへのタイピングより手書きのスピードは遅い。だから頭のなかでビジョンに従って文章が次々と浮かぶスピードに、書くスピードが追いつかない。

仕方がないから、原稿用紙以外にメモ用紙を脇に用意しておいて、書きとめられない文章は殴り書きでメモしていた。

しゃべるときもそうだ。しゃべりながらも頭のなかでは、３分くらい先をいつも考えている。５秒先しか考えられなかったら、話は途切れ途切れになって聞き手のストレスになってしまう。

これは持って生まれた才能、ＤＮＡのおかげではない。必要は発明の母。自分に必要だと思うから、徹底的に訓練した成果なのである。

結晶化が難しいときは因数分解

話の結晶化や視点を変える作業は、慣れないと難しい。より簡単に本質を捉えるために、大きいものを細かい固まりに因数分解する手もある。

結晶化よりも因数分解のほうが遥かにやさしい。炭素をダイヤモンドに変えるような、ものすごい温度や気圧が不要だからだ。

大きな事柄をより小さな固まりに分解するときは、ノートやホワイトボードなどにキーワードを書き出してみる。

書き出した固まりがまだ理解しにくいときは、さらに小さな固まりに分解してみる。この作業をリピートしていると、いずれ自分にも理解できる段階に至る。

あとは分解したものを俯瞰で眺めて、互いにどのような関係性があるのかを考え抜く。それぞれの固まりと、その関係性を描いたマップが頭に入れば、本質に近づいて難しい事柄でも簡潔に伝えられる。

先ほど分子を原子に分解すれば、必ず本質が見えるわけではないと述べたのは、最小単位まで分解すると相互関係が見えにくくなるからだ。

コンサルティングでも、企業や組織が抱える問題の本質が見えにくいときは、補助的な手段として理解しやすい固まりに因数分解してみる。

問題点が幾つに分解できるかはわからない。だからといって、はじめから細分化しすぎると収拾がつかなくなるから、取りあえず６つから８つの固まりに分解してみる。分解した固まりを１つひとつ結晶化して、一緒にできるものは合体させていく。こうして３つか４つの固まりに集約しておくと本質に迫る準備ができる。

集約した固まりをベースに、立場の違う人にヒアリングを徹底していくのだ。

相手の疑問や不安を丁寧に解消してあげる

ビジネスでもプライベートでも、他人を説得しようとする人がいる。

しかし、人は説得なんかされないと私は信じている。説得しようとしゃべればしゃべるほど、相手をシラケさせて心が離れていく。

人は決して説得できない。説得ではなく納得してもらうものだ。

辞書には、説得とは「人を納得させること」と書いてある。それだけ読むと説得と納得に相違はないように思える。でも、説得と納得は異なる。

説得とは、自分の思っていること、考えていることを相手に伝えて、こちらの意に沿うように誘導するというニュアンスを含む。あくまで自らのロジック体系で都合のいいことだけをしゃべるのが、説得である。

ズブの素人や新人ならともかく、意図的な説得を好むビジネスパーソンはいないだろう。説得のニュアンスを感じたら、警戒心や不信感が芽生える。

言葉巧みに理詰めで説得したつもりでも、相手に不信感を植えつけてしまっては、逆効果でしかない。

一方、納得とは、辞書的には「他人の考えや行動などを十分に理解すること」。つまり主体的に「それはそうだな」と腑に落ちる感覚が得られるのが、納得である。

相手の意図に左右されず、自分で会得したのだから満足度も高い。

誰かに納得してもらいたいなら、相手の話をじっくり聞いて、疑問や不安に思っている点を探る。そのうえで薄皮を剥がすように、疑問や不安を1つひとつ丁寧に解消するように会話を積み重ねる。

人が納得してくれる瞬間は、こちらが本質を語っていると悟ったときである。

大切なのは自分自身の言葉で語ること。インターネットで検索して覚えた借り物の言葉ではなく、自らの血肉となっている言葉で伝える。

本質に迫るうえで読書は不可欠だが、本で読んだことを他人にそのまま語りかけるのではなく、自分なりに消化できたと感じてから使いたい。

どうしても説得したいなら「目力」

なかなか納得してくれない相手をどうしても説得したいのなら、言葉ではなく「目力」で説得しなければならない。

それはなぜか。目は、大脳が人体のなかで唯一露出している場所だからである。目と大脳は、視神経を介して直接つながっている。目から入る視覚的な情報は、大脳に入る情報の80～90%を占めるとされる。

逆に大脳で考えていることは、目に現れる。「目は心の窓」とはよく言ったものである。

目を見れば、相手の心の動きは手に取るようにわかる。

説得したいことが、自分のメリットのみを追究したものではなく、相手にもメリットがあるものだとしたら、その誠意は必ず目に現れる。

相手がこちらの目をじっと見て、そこに現れた誠意を感じ取ってくれたら、「本当にこっちの立場を考えた提案だな」と感じてくれる。

たとえ話術がつたなくても、納得してくれるかもしれない。目は大脳に現れる思念を鏡に映すように反映するからこそ、目力は説得材料になり得るのだ。

ビジネスに限らず、日常生活においても笑顔は武器になるが、口だけ笑って目が笑っていない〝つくり笑い〟は相手に見抜かれる。

本物の笑顔は、口元だけではなく目元も笑っているものだ。口元と目元の表情が違う人は、言っていることと考えていることが違っている。そう思って間違いない。

むずかしいことをやさしく

作家の井上ひさしさん（１９３４～２０１０年）には、次のような名言がある。

「むずかしいことをやさしく、やさしいことをふかく、ふかいことをおもしろく、おもしろいことをまじめに、まじめなことをゆかいに、ゆかいなことをいっそうゆかいに」（劇団「こまつ座」公演雑誌「ｔｈｅ座」より）

私が特に深く共鳴するのは「むずかしいことをやさしく」という部分である。

難しいことをそのまま難しく語るのは容易だ。しかし、難しい言葉は定義が厳密だから、その定義を知っている者同士なら円滑に伝わるが、定義を知らない多くの人には伝わらない。

やさしい言葉は理解されやすい半面、定義が曖昧でいろいろな意味を含んでいる。だから、文脈のなかに上手く収めてあげないと、誤解されてしまう。難しい話をわかりやすくしゃべることほど、難しい作業はないのである。

ある講演会での質疑応答でオーディエンスから、「資産運用の手段としてＦＸはどうでしょうか？」という質問を受けた。

経済評論家なら難しい言葉でＦＸ（外国為替証拠金取引）について説明するかもしれない。だが私は経済評論家ではないから、為替市場の本質を踏まえて次のような解説を試みた。

——外為市場は難しい言葉で言うとゼロサムゲーム。こちらで儲かる人がいたら、どこかで損をする人がいます。全体がプラスマイナスゼロになる世界です。ドルを買って円安で儲けたと喜ぶ投資家がいたら、どこかにドルを売って損して泣いている投資家がいるのです。それが日本にいるのか、アメリカにいるのか、中国にいるのか、それはわかりません。それでも、どこかにはいるのです。

そんな外為市場で個人投資家はプランクトン、オキアミのような存在です。大した情報も持ってないし、大した分析もできてない。そうかと思うと南極にはこんな馬鹿でかい鯨がいます。

鯨はプランクトン、オキアミを食べています。外為市場の鯨はヘッジファンドや機関投資家です。彼らは情報をたくさん持ち、人間には分析不能なビッグデータをスーパーコンピュータで解析して外貨の売り買いをしています。

自分は鯨に勝つだけの力のあるプランクトン、オキアミだと思うなら、FXをおやりになるのを止めません。でも、私の常識では、プランクトン、オキアミが鯨に勝つことはあり得ません。だから、悪いことは言わないから止めておいたほうがいいでしょう。——

そう説明したら、質問者は大きく頷いて納得してくれた。聴衆も大喝采だった。

難しい話をやさしく話すためには、事柄の本質を見抜いておかなくてはならない。

本質を理解していれば、たとえ話を織り交ぜつつ、他人にわかりやすく説明できる。

すると「あの人の話は面白い」「わかりやすい」「また会って話が聞きたい」と評価される。

Column 3

日本のベンチャーキャピタルが嫌われる4つのワケ

「ドリームインキュベータ（DI）は、日本企業としては希有な存在だから一緒に組もう」アメリカのクラブ・ディールでこういう会話が交わされると、4人のうち3人は猛反対するという。

「日本人、日本企業は入れるのは絶対に嫌だ」というわけである。

反対している投資家は、人種差別で日本人や日本企業を入れたくないと主張しているのではない。アメリカの投資家たちは冷静でシビアだから、そうした感情論でモノは言わない。反対するのは、次のような理由からである。

1つに日本人や日本企業は、意思決定のスピードが遅すぎると思われている。だから「日本人を仲間に入れるとビジネスの進捗がスローダウンして、時間を無駄に使ってしまう。タイム・イズ・マネーなのだから、日本人を入れるのは反対だ」と判断されてしまうのだ。

2つ目に、投資する金額が少なすぎることが挙げられる。時間をかけてグダグダと散々悩んだ挙げ句、「リスクを考えて今回は投資額を抑えます」と通知してくる。彼らにしてみたら「リスクが怖いなら、はなから手を挙げるな！」と腹立たしくなるのだ。

3つ目に、日本の組織は得てして内部での情報共有が徹底されていないこともある。いざ投資をしたと思ったら、総合研究所の所長だとか、他の事業部の部門長だとか、いろいろな肩書の人間が入れ替わり立ち替わりやって来る。そしてみんな似たような質問をする。情報共有ができていないせいで、労力が増えるのはナンセンス極まりない。

４つ目に挙げるのは、彼らが何よりも憤っていることだ。大勢の人間を送り込んでくるわりには、日本人や日本企業から得られるヒント、すなわちインサイトが何もない。それは彼らにとって許せないことだから、日本のキャピタリストと付き合うのは時間の無駄だというのが、シリコンバレーで常識になりつつある。

例外的にＤＩは、この４点が当てはまらないと納得してもらっており、クラブ・ディールに参加できているというのが実情である。しかもＤＩが参画している案件でも、その半分ほどは匿名となっている。

なぜなら「ドリームインキュベータが投資した」という話がオープンになると、多くの日本の企業から「ドリームインキュベータが一枚噛んでいるなら、うちもぜひ投資させてほしい」という話が山のように舞い込むからだ。

アメリカ側はＤＩだから共同投資を認めたのであって、〝日本企業としてのＤＩ〟とは思っていない。他の日本企業からの問い合わせに断る理由を説明するのも面倒だと思っている。そんなわけで、うちの投資先は秘密のままになっているところが何社かある。

第4章

シーン別の効果的な伝え方

会議は6人までが理想

何でもかんでも会議で決めようとするのは、悪しき官僚主義の典型のようなものだ。改めて言うまでもなく、形式化、形骸化した会議はやるだけ時間の無駄である。だが、会議そのものはビジネスに欠かせない。直したいのは会議の中身と意思疎通の仕方である。

会議を成功に導く第一の秘訣は、参加する人数をできるだけ絞ること。不要な人間がいると会議の空気感が希薄になり、小田原評定で何も決まらなくなる。時代に先駆けた起死回生の経営戦略が会議で骨抜きになり、企業の没落を招いてしまう事例だってある。

会議の出席者は多くて10人、できたら6人までが理想だと思う。10人を超えたら、それは有効な会議とは言えない。

私は基本的に空気感が薄いのが苦手だから、会議はもちろん、プライベートの晩ご飯でも7人以上の会合には出ないようにしている。

忙しいスケジュールを縫って一緒にご飯を食べているのに、出席者が7人以上になるとグループが生まれ、こちらのグループとあちらのグループで違う話で盛り上がり、ワンテーマでしゃべりにくい。それでは一堂に会した意味がない。

私はパーソナルな食事会でも多くて6人、大体は4人以下に絞る。6人だと店の個室を予約しないといけなくなる。4人ならワンテーブルでいいから予約も取りやすい。そういう現実的なメリットもある。

会議に貢献しない人

会議は、できたら6人までが理想だと言ったが、出席者を絞るコツは貢献しない人を呼ばないことに尽きる。

会議における貢献とは、自分のアイデアや方法論を責任と気概を持って積極的に発言することにある。

会議は、学級会でも議会でもない。多数決で物事を決めるのが、狙いではない。10人のうち7、8人が反対でも、情熱を燃やして会議に貢献する人の発言は、会議を動かす。貢献度の高い出席者が多ければ多いほど、会議の成功率は高くなる。

会議に貢献するという発想がない、言い換えると毒にも薬にもならない意見しか持たない人を10人集めたら、決まるものも決まらない。ましてや新しいアイデアは出てこない。

ひどいときには、10人が10人とも、賛成でも反対でもないということさえある。これでは会議を開く意味自体ない。

会議の席についているのに、最初から最後まで自分のアイデアも意見も言わない人もいる。そういう人は仕事を増やしたくないか、もしくは発言から生じる責任を回避したいかのどちらかだろう。

こちらは毒にも薬にもならないどころか、少なくとも会議に関して言うなら、毒以外の何者でもない。

かといって自分のアイデアや意見しか言わないようでも困る。会議を有意義にするために必要なのは、出席者の発言に他のみんなが耳を傾ける環境づくりにある。

会議では、他の人の発言をよく聞く。社会人の常識に思えるが、最後まで予断と先入観を持たずに人の発言をうなずきながら聞ける人は驚くほど少ない。私の経験では、大物社長クラスになると何人かはいても、常務クラスだとほぼいない。

相手の言うことを素直に聞いていたら、位負けしたような気分になり、プライドが傷つくのだろう。

人の話を素直に聞けないのは、自らのプライドを守る自己防衛本能のようなものかもしれない。

そんな安いプライドは、迷わず捨ててしまおう。プライドを守るための予断と先入観は、100％に近い確率で間違っているからだ。

自らの目を曇らせている予断と先入観をきっぱりと捨て去り、まっさらな気持ちで相手の発言にじっと耳を傾けていれば、必ず得るところがある。

時間をつくって会議に出ても、ひょっとしたら大半はすでに知っていることかもしれない。それでも耳を傾けていると案外貴重な情報が混じっていて、川から砂金が採れるように学びを得られるケースもある。

そうした学びを活かし合い、「いまのAさんのアイデアにヒントをいただいて、私はこのような提案をします」と参加者が新たなアイデアを出し合えば、議論はどんどん創造的に発展していく。

生産的な話し合いを1~2時間続けて、テーマとなる案件に関して参加者全員が会議前よりも格段に理解が深まり、賢くなっている。それが私の考える会議のあり方だ。

そこで得られた貴重な果実を、参加者1人ひとりが自らの担当部署で展開していけば、組織全体にとってプラスとなる。

意見をストレートに伝えすぎない

会議に限らず、自分の意見をストレート、つまり直球で伝えてしまうビジネスパーソンが多い。

理由はいくつか考えられるが、一番多いのは「自分の意見は正しい」という根拠の薄い独善的な思い込みだろう。この思い込みは、先ほど触れた予断と先入観を純粋培養させたものだ。その多くは無意識に刷り込まれているので、始末が悪い。

特に若い人たちと仕事をしていると、独善的な思い込みに縛られていることが手に取るように伝わってきて、驚かされることが多い。

あたかも自分の意見が絶対的に正しく、誰かが反論しようものなら、感情的に反発したりする。これでは冷静で理論的な話し合いにならない。

このように独善的な思い込みは、コミュニケーションを交わすうえで邪魔になる。ときには凶器になることすらある。

意見を伝える前に、それが自分だけの思い込みでないか、一度立ち止まって、なるべく客観的に考えるクセをつけたい。

客観的に考えてみて思い込みでないと判断したら、次に相手との距離感を測ってみよう。

相手との距離感がわからないと、相手にストレートに思いをぶつけすぎる可能性がある。ストレートに表現すると迫力や力強さは出るが、その半面、いくら客観的に考えて自分だけの思い込みでないと判断した意見でも、誤解を生む危険がある。

「出る杭は打たれる」という日本の組織風土のもとでは、「自己主張が強いヤツだなあ」と悪いほうに捉えられるリスクがあるのだ。

仕事は1人ではできない。ましてや、組織は1人では動かせない。自らの思いやアイデアを実現するためには、多くの協力者がいる。

不用意に敵をつくらず、協力者を増やすためにも、むやみやたらにストレートに言い放つのは控えよう。

ボクサーはいかに強力なストレートパンチを持っていても、ストレートばかり打ち込むのではなく、相手との間合いをとるためにジャブを繰り出す。そして、相手の懐に入ったところで強力なストレートを浴びせる。

コミュニケーションでもはじめはジャブを放ち、相手に迷惑や損がないことを伝え、不安を取り除いてあげる。自分のアイデアに賛同してくれたら、プラスの面が出てくると納得できるだけの材料を提案する。

これは説得材料ではなく、納得材料である。そうやって相手の期待感を高めておいて、こちらの間合いに入ってから思いをぶつけると正確に伝わりやすい。

応援してくれる人が増えるから、自らのアイデアが実現する確率も高くなる。

部下は言うことを聞かないもの

本書の読者には、はじめて組織のリーダーや部下を持つ上司になったというビジネスパーソンがいるかもしれない。

そんな読者に私から忠告がある。

上意下達の軍隊でもない限り、あなたの指示と命令を部下は誰も聞いてはくれない。そう肝に銘じておいてほしい。

リーダーや上司の指示や命令を、素直に聞いてくれる忠犬ハチ公のような部下が世の中に1人でもいたら、ぜひ会わせてほしい。

少なくとも私は、40年近くのキャリアでそんな奇特な部下を1人も持ったためしがない。リーダーや上司の指示や命令は馬耳東風。左の耳で聞いたと思ったら、右の耳から抜けている。黙ってうなずいているのは、聞いたふりをしているだけだ。

人間とは不思議なものである。リーダーや上司になると誰しも、部下は指示や命令を聞いて、その通りに動いてくれると思い込んでいる。でも、自らの胸に手を当てて過去を振り返ってみたらいい。上の命令を一度でも素直に聞いて従った経験があるだろうか。

なぜ部下はリーダーや上司の指示や命令を聞かないか。理由は簡単。要らぬ自尊心から「オレはそんなに馬鹿ではない。指示や命令を聞いて言う通りにしなくても、自分自身で判断できる」と思い込んでいるのだ。

部下のなかには学歴が高く（ご承知のように、私は学歴というものをまるで信用していないのだが）、ＩＱ的には決して馬鹿ではない者もいるだろう。

しかし、決定的に経験が不足しているから、ビジネスの修羅場で正しい判断が下せる可能性は極めて低い。

組織のリーダーになったり、上司として部下を持ったりしたら、部下は指示や命令を聞いていないという前提で動いたほうがいい。

失敗が想定されるケースならば、周到に準備する。起こりうる失敗に対して、あらかじめ手当てをして組織に大きなダメージが及ばないようにする。

そして、実際に失敗事例を招いてしまったら、その原因を部下とともに考えながら、指示や命令を聞いて動く重要性を実地でわからせるようにしていくと良い。

「ホウレンソウ」ができる人、できない人

ビジネスの世界では「ホウレンソウ」が大事だと言われる。言うまでもなく、報告（ホウ）、連絡（レン）、相談（ソウ）のことだ。

ホウレンソウは基礎の基礎と思われているが、それは違う。

私の経験からすると、ホウレンソウができる人はめちゃくちゃレベルが高い。これは報告だけでいい、こっちは相談しないとダメだという判断には、仕事全体を俯瞰的に見渡す視点がいるからである。

逆に言うなら、仕事ができない部下に「ホウレンソウをしっかりしなさい」と言って聞かせても、なかなか改善しない。ホウレンソウができるなら、仕事ができないわけがない。リーダーを40年近くやってきた私には、身にしみてわかっている。

こういうタイプに「なぜこんな重大な案件を報告しなかったんだ」と尋ねてみる。すると次のような言い訳が返ってくる。

「やはり報告しておいたほうが良かったですか……。報告しようかと悩んだのですが、堀さんはお忙しいから、『つまらないことをいちいち報告するな！』と叱られるだろうと思ったのです」

そんなとき私は「今度から自分で勝手に判断せず、何でもいいから報告しなさい。とりあえず3回は無条件にホウレンソウに来い」という具合に教えてきた。それでも、ホウレンソウできない人もなかにはいる。

なぜ、そうやって叱るのか。それには理由がある。

ホウレンソウの不具合で何か大きな失態を招いたら、先方に謝りに行くのはリーダー、上司に他ならない。それでも先方が納得しないなら、最後は社長、会長が出向くしかない。

そのときに上司、あるいは社長が、「うちの部下がホウレンソウを怠ったから、こんな凡ミスが起こりました。私は知らなかったんです」と言い訳できるだろうか。もしそんな言い訳をしたら、笑われるのがオチだ。そんな謝罪が通るわけがない。

だから仕事に慣れていない新人には特に、どんな些細な事柄でもホウレンソウを欠かさない教育を施したい。

「叱る」と「褒める」のバランス

人間というのは傲慢な動物である。指示や命令を聞いて、その通りには動かない。ホウレンソウを怠る。そんなビジネスパーソンの鉄則がまともにできないときは、リーダーや上司は部下を叱らなくてはならない。

教育の世界では、叱ったほうが伸びるタイプと、褒めたほうが伸びるタイプがいるとよく言われている。日本では欠点を探し出して叱る教育ばかりが行われてきたため、長所を褒めて伸ばすべきだと主張する教育の専門家が増えている。

でも、どんなタイプでもある程度叱らないと伸びないし、ある程度は褒めないと伸びない。これが掛け値なしに正確な言い方だと私は思っている。

結局は、「叱る」と「褒める」のバランスがポイントになる。

世の中には１割褒めて９割叱ると伸びるタイプもいれば、９割褒めて１割だけ叱ったほうが伸びるタイプもいる。リーダーや上司になって部下を持つと、その違いを見抜かなくてはならない。リーダーや上司は、良き教育者でありたい。部下を伸ばさないリーダーや上司に部下を持つ資格はない。

私見だが、男性のほうが女性よりも精神的に弱いケースが多い。肉体的には男性のほうが強いはずなのに、その中身は女性のほうが強靭であり、最近その傾向がますます強くなっているような気がする。

もちろん性別による格差より、個人差のほうが大きい。だから、一概には言えないのだが、男性の部下に対しては、褒める割合を少し増やして育てるのがコツ。女性は男性よりも精神的にタフだから、多少叱ってもツボを押さえて褒めてあげれば、男性よりもビジネスパーソンとして成長するスピードが速い傾向がある。

部下を伸ばす「質問力」

部下が何かのトラブルを抱えているとしよう。

経験値に勝る上司なら、そのトラブルの本質を見抜いて、解決策を与えることは簡単である（あくまで上司の指示を聞く段階になっているという仮定だが）。

けれども、それでは部下の経験値は高まらないし、成長にもつながらない。しばらくするとまた似たようなトラブルを招き、立ち往生してしまう。

求められるのは、部下を成長させて、問題の本質を見抜いて解決する力を身につけさせることだ。部下が壁にぶつかるたびに指示を与える手間暇は省きたい。

そのために必要なのは「質問力」である。

上司は、日頃から部下1人ひとりに目配りして、思考回路と行動特性を見抜きたい。

サッカーチームの監督には、フォワード、ミッドフィルダー、ディフェンダーといったチームのレギュラーメンバーの戦術眼やプレースタイルの把握が求められる。それと同じである。

部下の思考回路と行動特性がわかっていれば、それに沿って質問を投げかけ、部下が自ら課題を見つけ出して、解決に至るように誘導してやる。それが私が言うところの質問力である。

実例を挙げよう。ある部下が得意先A社へ、新商品Bの売り込みに失敗したと仮定しよう。そこで上司は部下に次のような質問を投げかける。

「君はA社にBを提案したんだな。うちにはCやDという新商品もあった。それなのに君はBを提案した。理由を教えてくれないか？」

「A社はコスト意識が高い会社だね。だとしたら、高性能だが価格が高いBより、性能はBよりもやや落ちるが、価格競争力の高いCを提案する手もあったと思う。もしも君がCを提案していたら、A社は採用してなかっただろうか？　次回もう1回、Cを売りにいくことにしたらどうだろう」

こうして部下の思考回路と行動特性を踏まえて、実際の営業プロセスに沿って質問を投げかけていく。すると部下は自らどの選択に誤りがあり、どう判断すれば失敗が防げたかを学べる。経験値が高まり、成長につながるのだ。
質問をするときには、タイミングも考慮したい。

失敗したばかりで意気消沈しているときに質問攻めにしてはいけない。部下は思考停止状態で質問には応えられない。失敗したばかりの状況で質問されると、責められているような気分となり、失敗体験が深く心に刻まれてしまう。

質問力で部下を導くなら、失敗した部下が落ち着きを取り戻し、再生軌道へ入りつつあるタイミングがベストである。ツボを押さえた質問で部下の気づきを導き出せれば、チーム全体の活性化にも結びつくだろう。

「言った」「言わない」を避ける

私は雑談しているときに、よくこんなクイズを出すことがある。

「蒸気機関車を使った公共鉄道を実用化したジョージ・スティーブンソンと、アメリカ大陸の横断鉄道を考えて実現した人は一体どちらがエラいのか？」

冷静に考えると馬鹿げた質問であり、両者を比べてどちらがエラいかという結論を出そうとするのはナンセンスである。

それを承知のうえで、なぜ私はこのようなクイズを出すのか。

１８０4年に世界初の蒸気機関車を発明したのは、イングランド・コーンウォール生まれのリチャード・トレビシックというエンジニアである。それを公共鉄道として実用化したのがスティーブンソンだ。

トレビシックは日本では無名だが、スティーブンソンは有名である。日本の教科書でも、イギリスの産業革命の扉を開いた人物として記載されているのはスティーブンソンのほうである。ちなみに、トレビシックの孫は明治政府に招かれて、国産初の蒸気機関車の製作を指導している。

一方、アメリカの大陸横断鉄道を構想して、はじめて具体的な実地調査を行ったのは、アサ・ホイットニーという人物である。一方、連邦政府を動かして着工を推進したのはセオドア・ジュダであり、彼は「大陸横断鉄道の父」と呼ばれている。

ホイットニーもジュダもアメリカ国内では知られているかもしれないが、少なくとも日本の教科書には載っていない。スティーブンソンと比べると、世界的にも無名だろう。知名度では、スティーブンソンに軍配が上がる。

しかし、アメリカを世界一の大国に押し上げるうえで、アメリカ大陸横断鉄道が果たした役割は大きい。大陸横断鉄道が存在せず、いつまで経っても幌馬車隊で往来していたら、アメリカは現在のような強国にはなっていない。

世界史も大きく塗り変わっただろう。そう考えると、アメリカ大陸横断鉄道は、蒸気機関車の実用化に匹敵するインパクトがある。

話はここからコミュニケーションに移る。

「移動」を英語では「トランスポーテーション」と呼び、「意思疎通」を「コミュニケーション」と呼ぶ。

両者の語感は似ており、どちらもアメリカ大陸横断鉄道のように離れた場所を結びつける、つなぐ役割がある。しかしながら、実際にはトランスポーテーションとコミュニケーションには大きな隔たりがある。

トランスポーテーションは、目に見える物理的な移動である。A地点からB地点にモノや人が移動したら、トランスポーテーションは完了。一方、コミュニケーションは、手紙などのやり取りでは同じく物理的な移動をともなうが、やり取り自体は目に見えない。

手紙が届いても相手がちゃんと理解していなかったら、意思疎通したとは言えない。物理的な移動をともなわないメールや電話はもちろん、対面して話しているからといって、意思疎通がなされた証拠はない。

相手の理解が足りないコミュニケーションでは意思疎通がなされないから、言葉の定義上、コミュニケーションとは呼べない。

話し方、伝え方を鍛えたいなら、このコミュニケーションの大原則をつねに頭に入れておきたい。この原則がわかっていないから、ビジネスの現場でも、「言った」「言わない」といったレベルの低い論争がしょっちゅう起こるのだ。

「私は言ったはずです」と相手を責めても、伝わっていなかったら「聞いていない」となる。伝わらないことは、伝えていないのと同じなのである。

世の中には、この原理原則を無視する人が驚くほど多い。典型例が日本の学校の教師である。生徒が興味を持って聞いているか、理解しているかを無視して、一方通行で話し倒して自己満足で終わることが多い。

それでも学校の先生は給料はもらえるからだろう。そんな先生の授業を受けた子どもたちが社会に出て、同じような話し方、伝え方をしたら大ごとである。

電話だけではミスが生じやすい

メールやＬＩＮＥなどでのコミュニケーションが増えた。でも、まだまだ電話で連絡を取り合うこともある。

電話でのコミュニケーションには誤解が生じやすい。そのため、場合によっては労を惜しまず、リマインドメールをすることも必要だ。

「先ほど電話で、来週の御社でのミーティングは水曜夕方6時からと申し上げました。お手数ですが、ご確認をお願いします」と求める。

人によってはちょっとしつこいと思われるかもしれないが、うちの社員にも私は、「確認、確認、再確認。それをやらないから、事故やトラブルが起こるのだ」と言って聞かせている。特に電話というコミュニケーション手段は、勘違い、言い間違い、聞き間違いが起こりやすい。

安全性を重んじる鉄道や工場などの現場では、いまでも「指差し確認」と呼ばれる確認動作が行われている。たとえば、電車が入線してくると、プラットホームで待ち構えた駅務員は、線路に人や障害物がないことを指差ししながら確認し、「進路ヨシ！」と声に出す。

「ハイテク化が進んでいる現代に、ずいぶんローテクな確認方法だな」と誤解してはならない。目で見て、指で差して、声に出し、それを自分の耳で聞く。この4段階で確認動作を行うと、ミスが格段に減ると実証されている。

ビジネスの現場でも、指差し確認の精神に則り、ミスのないようにチェックしたい。もっと言うなら、ミスの許されない事柄は電話やメールだけで済ませようとせず、実際に会って話すのがベストである。足を運ぶ労を惜しんで失敗をするのは、極めて愚かだと言わざるを得ない。

メールを送っただけで伝わっているとは限らない

メールでは文面がお互いに残るから、電話よりミスや失敗が起こりにくい。それでもメールを送信したら、その内容が確実に相手に伝わっていると安心できない。

うちの社員に確認事項があってオフィスの廊下で「あの件、どうなった？」と声をかけると、「その件については先週、堀さんにメールしましたよ」と言われることがある。

そこで次のようなやり取りが行われる。

「おぉ、そうかい。だけど、君のメールは印象が薄いからな。読んだかもしれないけれど、頭には残っちゃいないんだよ」

「堀さん、そんなぁ」

「そんなぁ、じゃないよ。君はメールを送って、こちらが読んだと確認すれば、それでコミュニケーションが成立したと思っているだろう。万一覚えてないとしたら、俺のせいだと思っているんだろう?」

「まさか、そんなことは思っていません!」

「そうかぁ。でもな、俺の記憶にしっかり残るように伝達してはじめて君はコミュニケーションに成功するんだよ。わかったか?」

「わ、わかりました!」

メールと違って、LINEは相手が開いたかどうかが「既読」マークで確認できる。でも、相手は開封して読んだ気になっているだけで、内容が相手の記憶に残っていなかったら、メールもＬＩＮＥも送った意味がない。

相手が一点の曇りもなく理解して、こちらが語った内容が記憶の底にしまわれてようやくコミュニケーションが成立したといえる。そのことは覚えておいて損はない。

会話術の根幹は「相互尊敬」

第2章で聞くことの重要性をすでに語った。商品の売り込みや身勝手なお願いごとをするタイプは、相手の視点に立ち、聞き上手になるという視点が乏しい。

誰にとっても、忙しい最中、商品の売り込みや勝手なお願いごとをされるのは、迷惑以外の何物でもない。

裏を返せば、そういうタイプには、「いまこんな話をされたら迷惑だろうな」と思いやる最低限の想像力がないのだろう。

商品を売り込みたいのなら、相手の立場に立ってみて、どのタイミングならば迷惑がかからないかを確認する。そして率直に商品の欠点、弱点から先に語ったらどうだろう。

完全無欠な人間が存在しないように、どんな商品やサービスにも1つくらい欠点なり弱点はあるものだ。それをバレないように誤魔化そうとするのではなく、「この商品にはこういう欠点があるけれども、それを上回るメリットがあるから、ぜひおすすめしたい」と正直に語ればいい。

自分にとって不利な情報を隠そうとするほど、話が回りくどくなり、貴重な時間の浪費につながる。相手の立場になって頭を巡らせれば、それくらいはすぐにわかるはずだ。

かつて私も頭を悩ませたが、たとえどんなに優秀で、仕事熱心で、ビジネスセンスが抜群な人でも、何でも隠したがる超秘密主義であれば、信頼関係を築くのは難しい。不必要に情報を隠すことはマイナスに働く「悪」なのである。

相手に正直で誠実であるというのは、コミュニケーションの大前提である。正直かつ誠実に、不利な情報も包み隠さず話したほうが、有益な議論ができる。

会話術の根幹は「相互尊敬」であり「相互信頼」にある。それが成り立ってはじめて、レベルの高いコミュニケーションが交わせる。

商談であれば、商品やサービスが評価されて売れたり、無理筋《すじ》なお願いごとでも引き受けてもらえたりする。

ただし、こちらが徹頭徹尾、正直ベースで話すからといって、相手の信頼が得られるとは限らない。交渉が有利に展開する保証もない。そこは短期間な成果を得ようと、焦らない覚悟が求められる。

遠回りのように思えるかもしれないが、正直ベースのコミュニケーションを地道に積み重ねるより他ない。そうすれば、いずれ相手の信頼度が上がって、交渉が上手くいく確率が上がる。

謝罪で押さえておきたい４つのポイント

仕事でもプライベートでも、ミスや失敗は誰でもある。ミスや失敗をクヨクヨ悔やまなくていい。そんな暇があったら、できるだけ早く謝罪をするのが先決である。

謝罪には押さえておきたい４つのポイントがある。

１つ目のポイントは、その件に関して誰が謝るべきなのかという責任の所在をはっきりさせることである。

自分が謝って済むのか、それとも上司に謝ってもらうべきなのか。得意先に迷惑をかけた場合、謝罪はトップの仕事である。うちの会社で言えば、私が謝りに行かなければ、会社として謝ったことにならない。

2つ目のポイントは、謝罪の目的を明快にしておくこと。

「本日は、お見積もりで不備があった件に関して、お詫びに参りました」と用件を極めて明白にしておく。「このたびは、ご迷惑をおかけしたようで、すいませんでした」といった曖昧で抽象的な謝罪は、謝罪とは言えない。

3つ目のポイントは、なぜそういうミスや失敗が起こり、迷惑をかける結果になってしまったかという分析をしっかりすること。

4つ目のポイントは、今後同じようなミスや失敗を起こして迷惑をかけないために、どういう具合に努力と対策をしていくのかを明確にすること。

いずれにしても、謝罪は鮮度が命である。ミスが発生してから、早ければ早いほど良い。しかし、ミスや失敗の分析と対策は済ませたい。分析や対策に時間がかかりそうなときは、その旨を伝えておくことである。

「いまの段階ではこうした理由が考えられます。最終的なご報告は改めてさせていただきます」と早い段階で断っておく。その後、精査を続けて結論が出たら、最終的な改善案を先方に提案して納得してもらう。

そうすることによって失敗転じて信頼を増す、ということもあり得る。

プレゼンテーションは「転↓結」が効果的

コンサルタントは、プレゼンテーションする機会が多い。ビジネスパーソンでもクライアントに対してプレゼンをする機会はあるだろうから、効果的にプレゼンする裏技を1つ教えよう。

学者風のおかたくてつまらないプレゼンをしようと思ったら、話は簡単。起承転結で話せばいい。ところが、端的さを好む欧米人あたりに、起承転結でしゃべると、「一体、何が言いたいんだ」とイライラされる。

欧米人には、結から入って「結論はこれこれである」と指摘しておいてから、「なぜ結論がそうなるかというと……」という具合に〝結起承転〟という流れで語っていくのが良い。

しかし、日本人相手にプレゼンするときは、結から入るこの手法はほとんどの場合、失敗に終わる。「おまえたちは予断があり、そこへ結論誘導しているのだろう」とあらぬ疑いをかけられて紛糾するケースが多いのだ。

それで私が編み出した手法が「転→結」からはじめる〝転結起承〟という流れ。結論を冒頭でいきなり語るのではなく、転からはじめて結に至るのである。

学者風に起→承とはじめてしまうと、結論までが遠すぎるからプレゼンが間延びする。相手の集中力が切れかけたところで、結論を述べても頭にすんなり入らないから感心も感動もされない。

そこで起→承を後回しにして、転→結と結論を先に語る。

そして「なぜこういう転→結となったかというと、そもそもこういう起→承があるからです」という流れで展開すると、「わかりやすい」「さすがですね」「お見事ですね」といったお褒めの言葉をいただく。

転からいきなり入ると、相手は「?」と意表を突かれたような顔をする。プレゼンにエンターテインメントはいらないが、短時間で相手のハートをつかんでこちらの土俵に引き込むための表現技法は必須である。

「?」という反応が引き出せて、参加者数人が椅子から前のめりになってくれたら、つかみはOK。すでに触れたように、前のめりの姿勢になるのは、関心や興味が引けた証拠である。

かくいう私も最初からそんな芸当ができたわけではない。ある程度経験を積んで自信ができてから、起承転結に変わる新しいスタイルとして編み出した。

読者の皆さんもこの方法を真似る前に、起承転結のプレゼンに慣れておこう。それからトライしても遅くはない。

また、最終的にどういう順番でプレゼンをするにしても、結論をロジカルに導くときには、起承転結という順番で考える。

プレゼンシートは3枚以内

プレゼンでプレゼンシートを何十枚も使って説明しようとする人がいる。

経営コンサルタントの最終提案ならば、それくらいのボリュームになるのはわかる。

だが、社内会議やプロジェクトに向けた通常のプレゼンなら、プレゼンシートは多くても3枚程度にとどめてほしい。無論、1枚に結晶化するのがベストだ。

プレゼンシートは1枚説明するのに3分くらいかかる。3枚で約10分。前置きや結論を入れると13分になる。

すでに説明したように（32ページ参照）、それを超えると聞いているほうは集中力がなくなり、退屈に思えてくる。聞き手が飽きているのに、気づかないで話し続けるのはナンセンスである。

発表する側としては、分厚いプレゼンシートをつくると達成感がある。「これだけ頑張って資料をつくったのだから、相手はきっと認めてくれる」という、お守りのような効果もあるのだろう。

でも、何度か触れているように、コミュニケーションの基本は相手の立場に立つことである。その原理原則に従うなら、プレゼンシートは多くても3枚にとどめておきたい。

あらゆるプレゼンを3枚以内にとどめるトレーニングをしておくと、物事の本質をつかむ能力も自ずと磨かれる。

最低10回は練習、3回は録画

プレゼンが下手だから、プレゼンが上手になりたい。もしそう思っているなら、練習あるのみである。

どういう場面のプレゼンで、コンテンツが何であり、どのくらいの時間をかけるかにもよるから、練習法は一概に単純化できない。

それを承知であえて言うなら、はじめのうちは最低10回を目安に練習してみることだ。そのうち3回くらいはスマホなどで自分がプレゼンするところを撮ってみる。

自分の声や姿を見るのは、ちょっと抵抗があるかもしれないけれど、これが良い練習になる。

1回目を録画したら、そこで得られた反省点を解決するために2回、3回と練習を重ねる。

3回目までの成果を確認するために、4回目にまた録画し、直っていない悪いクセなどを修正するために5回、6回とさらに練習を重ねる。

そして7回目にまた録画し、8回、9回、10回と練習する。こうして反復練習すればプレゼンが確実に上手くなる。

私も経営コンサルタントになりたての30代半ばまでは、そうやって繰り返し練習をした。1回のプレゼンに向けて10回どころではない。20回、30回と練習を重ねたものである。

いまでこそ「話も講演もプレゼンもお上手ですね」と褒められることがあるけれど、最初から上手かったわけではない。

プロ野球の選手は、誰しも天賦の才能に恵まれている。そのなかでも名選手になった人はごく一部で、そうした名選手は他の選手たちの何倍も練習している。メジャーリーグで活躍しているイチロー選手だって、田中将大投手だってそうだ。伝え方もプレゼンも練習なくして上達はない。

話が合わない人と仕事をするのは諦めよ

日本型のコミュニケーションの典型とも言えるのが、「以心伝心」である。

以心伝心は、もともとは仏教用語。言葉や文字で伝えられないコンテクスト（文脈、状況、背景）を師匠から弟子へ、心から心へと伝えるという意味である。

以心伝心は、日本のように文化の共有性が高いハイコンテクスト社会（１４４ページ参照）でしか成り立たない。気心が知れて長い時間を共有した人同士のみであり得る。価値観や経験値などが全部違うと、以心伝心はあり得ない。

以心伝心とはいかなくても、馬が合う、波長が合うという存在に出会うこともある。長い時間を一緒にすごしていないのに、それこそ初対面でも馬が合う、波長が合う人は確かにいる。そういう人は大事にしたい。

逆に馬が合わない、波長の合わない人と創造的な仕事をするのは難しい。こちらがイライラするだけではない。相手もまた苛立っているだろう。

コミュニケーションは同様の周波数ではじめて成り立つもの。こっちの波長が合わないときは向こうの波長も合っていない。こちらがプラスの意味で語ったのに、真逆のマイナスに捉えられたりすることもある。

波長の違いは話し合いでは解決しない。何事もネジ曲がって捉える人は、人に言えないコンプレックスを抱えていたり、子ども時代に辛い人生体験をしていたりするのかもしれない。

そうしたコンプレックスや人生体験を共有して解決に導こうとしなくていい。私たちは精神科医ではないのだから。

波長の合わない人と努力を重ねても、仕事は上手くいかない。良い結果は望めない。そこは諦めて、波長の合う人、コミュニケーションが取れる人を選んで仕事をしたほうがいい。

上司と晩飯でも食べにいったときに、相談してみてはどうだろう。

「実を言うと、私はA君がどうも苦手です。自分の言っていることがそのまま通じていると思えない。彼の言うことも腑に落ちないことが多いんです。○○さん（上司）はどうですか？」

率直にそう聞いてみると、「実は俺も本音を言うと、あいつは苦手なんだ」という話になるかもしれない。

あなたが他の人間とは良好なコミュニケーションが取れているとしたら、波長がズレているのはA君である蓋然《がいぜん》性が高いからだ。

すると上司が「わかった、なるべく仕事を組まなくても済むように考えるようにするよ」と対処してくれることもあるだろう。

波長の合わない人同士が我慢し合って仕事をしても、良い結果は生まない。それは組織の損失でもある。

Column 4

予断と先入観を捨てないと判断を誤る

以前、クラブ・ディールのある案件が、DIに紹介されてきたときのことである。われわれが投資を検討したところ、一部のアメリカ人メンバーが「ドリームインキュベータは日本の投資家だから」という理由で猛反対してきた。

ところが、私の友人2人の強い推薦で、最終的にはその案件に参画することができた。その友人の1人は、ペンシルベニア大学工学部長のヴィジェイ・クマール教授である。クマールはインド人だが、インド人がしゃべる英語は聞き取りが大変難しい場合が多い。しかし、クマールの英語はアメリカ人がしゃべる英語より美しく綺麗だ。

私は「インドで生まれ育ったあなたが、なぜそんなに美しい英語を話せるのか」と聞いたところ、「アメリカに来てから毎日英語の話し方を鏡の前で練習してきたからだ。堀さん、あなたこそ日本人なのに、なぜクイーンズ・イングリッシュを話すのか」と切り返された。

外交官だった父の仕事の関係で、7歳にしてロンドンに住んだことが、私がイギリス英語を話す理由である。そんなわけで私たちは互いの英語の発音が取り持つ縁で仲良くなり、彼はDIの戦略的アドバイザーをしてくれている。

もう1人の友人は、DARPA（ダーパ・米国国防高等研究計画局）でロボット研究をしていたギル・プラット博士である。

ＤＡＲＰＡは、インターネットの前身であるＡＲＰＡＮＥＴ（アーパネット）やＧＰＳ（全地球測位システム）など、世界に先駆けた技術を開発したことで知られ、近年はロボット開発に力を注いでいる。このプラットとクマールが大変な仲良しで、私はクマールを介してギルと懇意になった。

アメリカでも一目置かれるこの２人の友人がクラブ・ディールのメンバーに「ＤＩなら仲間になってもらうべきだ。日本人だからダメだと決めつけないで、一度話してみたらいい」と言ってくれた。そして私は反対派のメンバーとテレビ会議で面談した。

テクノロジーやベンチャーといった共通の感心事について議論を交わすうち、反対派だったメンバーもＤＩのインサイトとネットワークに価値を感じてくれた。

彼らは、欧米なら自分たちでカバーできる。しかし、日本や東南アジアまでは自分たちだけではカバーできない。ならばＤＩをクラブ入りさせたほうがいいということになったわけだ。

後にわかったことだが、クラブ・ディールの３人中２人が、私と同じハーバードのベーカー・スカラー（成績最優秀称号）であった。高校の同窓生といった雰囲気で、さらに盛り上がった。

第5章

日本人と外国人を惹きつける話し方の違い

伝え方が下手なワケ

世界的にみると、日本人は話し方、伝え方、つまりコミュニケーションが上手ではないと評価されることが多い。

英語が話せないのも評価を下げる大きな要因だが、原因はそれだけではない。社会に出てくるまでに受けた教育にも問題がある。

日本の学校教育と欧米の学校教育には、さまざまな差異がある。その1つとして挙げられるのが話し方、伝え方に関する教育だ。

日本の学校教育は少なくとも高校まで、教科書を参照しながら、先生が教壇から教えることを記憶する講義形式が主体となっている。

遅まきながら日本でも、「アクティブ・ラーニング」と呼ばれる能動的な教育プログラムが行われるようになってきた。

これは一方的な講義形式に偏重していた反省から、学生たちが能動的に参加する教育プログラムであり、ディベートやグループ・ディスカッションなどが行われるものである。その取り組みははじまったばかりだが、日本人のコミュニケーション能力のレベルアップにつながると期待しよう。

ただし、現状はまだ教科書に書いてあること、先生が教壇から教えることを受動的にインプットする教育が主体だ。それにより私たちは育ってきたのである。

もちろん、それが子どもの知的成長に役立つ部分もあるが、一方通行で受動的なインプットに偏重しすぎている。自分の思いや考えを能動的にアウトプットする機会が足らないのだ。

せいぜい大学でゼミにでも入ってから、ちょっとした論文を書いてみたり、書いた論文を発表するプレゼンの真似事をしたりするのが関の山だろう。だから、人前で話す、伝えるというチャンスが限られている。それが日本人のコミュニケーション能力の評価が低い理由の１つである。

その点、欧米の学校教育では一方的かつ受動的なインプットだけではなく、双方向的で能動的なアウトプットを重んじている。幼いうちから人前で話す、伝えるというトレーニングをグループで徹底して行っている。それが欧米人の話し方、伝え方が上手なゆえんである。

アメリカあたりの小学校では、夏休みが終わると「夏休みの飛び切り楽しかった思い出を3分間でスピーチしなさい」といった授業が行われる。思い出をショートスピーチにまとめて同級生の前で発表するのだ。

一種の小論文づくりであり、プレゼンテーションでもある。日本でも夏休みの宿題で絵日記を書かせる小学校はいくらでもあるが、それを人前で発表するところは少ないだろう。

どうも、お金持ちの子が家族でハワイへバケーションに行ったことを嬉々として発表してしまうと、夏休みに海外旅行に行けない子どもたちが惨めな気分になる。だからダメらしい。

日本より貧富の差が激しいアメリカでは、さほど裕福ではない家庭の子が、「夏休みの思い出は、お父さんにフェンウェイ・パークへ連れて行ってもらい、ホットドッグを食べたことです」などと嬉しそうに発表する。

フェンウェイ・パークはボストン・レッドソックスの本拠地である。ボストンでは、そこで野球を観ながらホットドッグを食べるのが、庶民の楽しみになっている。

その発表を聞いた先生は「それはとってもいい思い出になったね」とその子を褒め

る。そして「みんなはどう思う？」と子どもたち同士で話し合いをさせたりする。

人生の楽しみ方は人それぞれ、自由である。何もお金をかけてハワイまで出かけるバケーションだけが、素晴らしい夏休みのすごし方ではない。そのことを子どもたちは暗黙のうちに学ぶのである。

人間は誰しも人見知り

日本では近頃、自閉的で引きこもり気味の若者が増えているという。人と上手くコミュニケーションが取れない〝コミュ障〟という言葉もある。

人と上手く話せず、コミュニケーションが苦手。そう思って引きこもっている人を無理やり会話の輪に引きずり込もうとしても、解決はしない。余計に居心地が悪くなり、スムーズに話せなくなる。

コミュ障とは要するに人見知り。私は人間という動物は基本的に人見知りだと思う。人見知りでない人間なんて、地球上に１人もいないと断言してもいいだろう。

それをそれぞれのやり方で何とか克服しながら、努力を重ねて互いにコミュニケーションを取り合っている。

「コミュニケーションが苦手で」と言い訳をするのは、「自分は口下手です」という言い訳と同じ。身もふたもない厳しいことを言うようだが、一種の努力放棄だと思う。私だって知らない人といるのは居心地が悪い。自分が語ることを曲解せずにわかってもらえるのか。そういう不安はつきまとう。

相手が突然、理不尽なお願いを言い出す可能性だってある。だから私は、よく知らない人から、「お食事でもしながら、お話しさせてください」という誘いを受けてもお断りしている。

ご飯をご馳走するというのだから、「かわりに言うことを聞け」とも言われかねない。素面《しらふ》だといい人なのに、食事の席でお酒が入ると、人間性がガラリと変わることだってある。

だから、誘いを受けるときでも「お話しするならうちのオフィスでどうぞ。食事をするならランチにしましょう」と提案して、夜の会食はお断りしている。私が夜ご飯を食べるのは、ごく親しい人に限られる。

夜の会食は時間は長くなる。お酒が入ると酔っぱらい、話が妙な方向へ逸れるリスクもそれだけ高くなる。

ランチなら会食の時間は比較的短くて済むし、「午後、抜けられない会議がありますから」と断れるから、お酒を交えて会話をしなくても良くなる。

人見知りには好奇心の希薄さも関わる。他者とのコミュニケーションを放棄して、引きこもりのような環境に自らを置いている若者たちは、他の人より好奇心が薄らいでいる。オタクのように特定のテーマには異様に好奇心が強い半面、それ以外のことに興味が持てなくなっているのだ。

好奇心が強かったら、引きこもっているわけがない。自らの殻を破って新たな人の輪に入り、外に出て好奇心を満たしたり、何らかの刺激を求めたりするはず。英語で「アウトゴーイング」というが、外交的になり、出歩きたくなる。

仕事力も人間力も、向上の原動力は好奇心だと私は思っている。

好奇心が弱いと自らの進化にはつながりにくい。そう胸に刻み、自分にむち打って、元気を出して殻を破って精神的な出不精を克服してほしい。

言うまでもなく、単なるコミュ障や人見知りと自閉症は異なる。自閉症は脳機能の先天的な異常などによるとされ、専門家による治療の対象となっている。

小さな失敗を毎日3回しでかそう

自分の興味のテリトリー内だけで生きていたい。そんな発想の背後には、失敗したくない、失敗が怖い、面倒を避けたいという心理が働いているのだろう。

失敗は誰でもしでかす。私だって年がら年中ある。その失敗をいちいち怖がる気持ちが強すぎると、引きこもらざるを得ない。

失敗の数が少ないと、失敗が怖くなる。

私のように年がら年中失敗していたら、失敗は怖くない。

〝失敗恐怖症〟のような人は、失敗を怖がらない失敗耐性をつけるために、たとえば毎日、小さな失敗を3回しでかすというスローガンを掲げてみてはどうか。

わざと失敗をしろと言っているわけではない。新たなチャレンジで失敗したとしても、気にするなと言っているのだ。誰でもはじめは初心者なのである。

自分のテリトリーに安住していたら、失敗することはないだろう。それと引き換えに新たな分野への挑戦、人とのつながりは望めない。

毎日、アウトゴーイングして小さな失敗を3回重ねていたら、1年間で１０００回以上の失敗が体験できる。それだけ失敗していたら、失敗を怖がらない耐性がつく。それからの人生が変わってくるはずだ。

「失敗を失敗で終わらせない学びが必要である」とよく言うけれど、それはかなり上級者向けのアドバイスである。失敗を学びに変えるためには、それなりの知恵と工夫が求められる。

それは誰にでもできることではない。失敗を怖がっている人に、はじめから学びを求めるのは荷が重すぎる。二兎を追うなかれ、である。

小難しく捉えなくていい。最初は取りあえず小さな失敗をすることだけ考えてみよう。それ自体が、アウトゴーイングに導いてくれる。

痛い目にあうかもしれない。でも、それでいいじゃないか。人間誰しもずっと痛い思いばかりしたいとは思わないから、「どうしたら上手くいくのか」という知恵が自然に身につく。

やや説教じみてしまうが、知ったかぶりをした人からの１０００個のアドバイスより、自発的に得られた１つの気づきのほうが実社会でははるかに役立つ。

相手との共通項をアピールしない

経験に乏しい若手は、ビジネスの相手との共通項を探り、つながりを見つけ出そうとするだろう。しかし、自分のほうから「実は大学の後輩です」などと切り出すのは、そこから好意を引き出そうとする押し売りのようなものだ。

親近感をもたらすこともあろうが、多くの場合は相手に警戒感を抱かせてしまう。何を隠そう、私自身にも恥ずかしい失敗体験がある。

私がＢＣＧに入ってまだ日が浅かった頃、日清製粉の正田修社長（現在は日清製粉グループ本社名誉会長相談役）にアポイントメントをいただき、営業に伺ったことがある。正田さんは、日清製粉二代目の正田英三郎さん（１９０３〜99年）の次男であり、皇后美智子さまの弟にあたる。

正田さんは東京大学法学部卒業後、ハーバード・ビジネス・スクールでＭＢＡを取得。アメリカのボストンにあるＢＣＧ本社に入社し、経営コンサルタントをしていた経験がある。つまり、大学も大学院も勤務先も、私の先輩という希有な存在だった。

私がＢＣＧに入社した頃、すでに退社して実家の日清製粉の役員になっていた。

　正田さんのような名門中の名門の先輩を持てているのが嬉しくて、初対面のとき、私はついつい「ハーバード、ＢＣＧで後輩にあたる堀です」と自己紹介してしまった。いま思い出しても、「なんてドジをしでかしたんだ！」と冷や汗が出てくる。お会いできるのが嬉しくて、舞い上がってしまったのだ。

　案の定、正田さんは警戒心を示した。何か下心があって近づいてきたのではないか。そう疑ったのである。こちらにそんな気はなくても、経歴や肩書きを振り回すとロクなことはない。

　このときは話を進めるうちに警戒心を解いてもらい、結局は仕事にも結びついた。それは私の話術が優れていたからでも、こちらの提案が卓越していたからでもない。正田さんの心が海のように広かったからである。その後も何度かコンサルティングを発注していただいて、いまも親しくお付き合いさせてもらっている。

　相手が正田さんのように心が広いとは限らない。理想的な展開は、こちらから言い出す前に、相手に気づいてもらうこと。「そういえば、君は僕の大学の後輩だね」と先方から言ってもらえるのがベストである。

正田さんとの事例でも、私のほうからフライングで言い出さなくても、きっと「堀は後輩なんだな」と気づいてくれたはずだ。

はじめて会う人が大学の先輩で学部も同じなのに、相手が気づいてくれないかもしれない。そう心配になったら、アポイントメントが取れて実際に会う前に、さりげなく自分のプロフィールを手紙やメールの最後に添付したらどうか。

そこに「兵庫県出身。○○高校、△△大学××学部を卒業して□□社に入社。3年後に転職して、現在は◎◎社でコンサルティングを担当」といった簡単な自己紹介を記しておく。そうすれば、「そうか、今度会うヤツは同郷で同じ大学、学部の後輩だ。どんなヤツだろう」と興味を持ってもらえるかもしれない。

経歴、肩書きはこちらから押し売りするものではなく、相手が気づいてくれたらラッキーというくらいのもの。そう思って胸に秘めておこう。

コミュニケーションがリレーションを強める

「肩書き」に比べて「同郷」とか「同窓」というのは有効なリレーション（関係性）

になり得る。押し売りではないリレーションに基づくと、コミュニケーションも良くなる可能性が高まる。そのコミュニケーションが、リレーションを強く確固としたものにするという好循環に入っていく。

ただし、リレーションは経年劣化してしまう。関係性が色褪《あ》せたり薄れたり、ほとんど切れそうになることもある。それをコミュニケーションが強くしてくれるのだ。

私の歴代の主治医は、ずっと東京大学医学部附属病院（東大病院）の医師である。東大病院の医師は皆優秀だから、あちこちの病院から「ぜひ、うちに来てください」というオファーが絶えない。

私の歴代の主治医もご多分に漏れず、しばらくするとヘッドハンティングされていなくなる。その都度、私が困らないように後任をちゃんと選んでくれるのだが、コロコロと変わると主治医の意味がなくなってしまう。

そんなあるとき、ドリームインキュベータの社外取締役が一肌脱いでくれた。彼は私の中学・高校の同級生だ。東大医学部の教授を長く務めたのち、誘ってうちに入ってもらった。

その彼が「俺たちの高校の13期後輩で、東京新宿メディカルセンターの副院長をやっている男がいる。優秀だから、紹介するよ」と言ってくれたのだ。早速診てもらったら、確かに良い先生だった。

13期も後輩だとさすがに同窓という感じは薄いものの、初対面から話が盛り上がり、それから主治医をお任せするようになった。リレーションをコミュニケーションが強くした一例である。

敬語を使えるとチャンスが広がる

ビジネスシーンでも敬語を正しく使いこなすのは、社会人としての最低限のマナーである。だが、敬語がまともに使えない若い世代が増えている。

たとえば、目上の上司に「ご苦労様です」と言ってしまったり、貴重な意見を聞いた先輩に向かって「参考になりました」と平気な顔で返したりする若者もいる。「ご苦労様です」ではなく「お疲れ様です」と言うべきだろうし、「参考になりました」ではなく「大変勉強になりました」と言うのが正しい。

言葉の使い方は時代によって変化していくものだし、私自身は、敬語が使えないことが大きな問題とは思わない。「ご苦労様です」とか「参考になりました」といったレベルの誤用は愛嬌があるというか、ずいぶん可愛らしい間違いとも言える。

うちの若手が使ったとしても、ニコニコ笑って受け流す。だが、なかには「敬語の使い方も知らないヤツはダメだ」と目くじらを立てる人もいる。敬語を使えないばかりに自分の株を下げるのはもったいない。

逆説的に言うなら、敬語を使えるようにしておくとチャンスは広がる。同世代に自らの社会的な立ち位置がわからず、敬語すら使えない人間が多いとする。ならば、真っ当な礼儀作法と敬語を身につけられたら、ライバルと明確に差別化できて自分だけ頭１つリードして突き抜けられる。

「敬語の使い方も知らないヤツはダメだ」と目くじらを立てるおじさんたちは、敬語が使えるだけで「こいつは見どころがある」と買ってくれるかもしれないのである。

ＬＩＮＥが日本を衰退させる？

たまに電車に乗ると、若者の多くがスマホでメールやＬＩＮＥのやり取りをしている。ゲームをして遊んでいる人のほうが多いとも言われるが、その光景を目にするたび、私は日本の行く末が心配になる。

マナーの話をしているわけではない。スマホでメールやＬＩＮＥのやり取りをしている相手はおそらく気心の知れた相手だろう。コミュニケーションスキルのいらない仲間内でのやり取りが大部分を占めるようでは、話し方も伝え方も上向かない。絵文字やスタンプでのやり取りが日常化していたら、仲間以外の人とのコミュニケーションの能力が向上しない恐れがある。

それでは教育や社会的な環境のおかげでお世辞にも巧みとは言えない日本人のアウトプット術が、ますます下手クソになりかねないのである。

アメリカのエドワード・ホールという文化人類学者が唱えたモデルに「ハイコンテクスト社会」と「ローコンテクスト社会」がある。

ハイコンテクスト社会とは、共有されている経験や価値観が多く、言葉にしなくても意思疎通が容易な社会を意味する。日本がその典型である。「阿吽《あうん》の呼吸」とか「空気を読む」という芸当は、ハイコンテクスト社会だから可能なのである。

ローコンテクスト社会とは、共有されている経験や価値観が少なく、言語による意思伝達の占める割合が高い社会のこと。〝人種のサラダ・ボウル〟と呼ばれるほど、文化的な背景が異なる人々が集まっているアメリカがその典型である。アメリカでは「阿吽の呼吸」も「空気を読む」も通用しない。

これからの世界はどちらの方向へ進むのだろうか。すぐにわかることだが、グローバル化する社会は間違いなくローコンテクスト化していく。

背景が異なる人たちとコミュニケーションを交わすには、実質的な地球の共通語である英語のスキルを磨くだけではなく、言語による伝え方をレベルアップしなくてはならない。仲間内でのコミュニケーションよりも、仲間以外とのコミュニケーションに重きを置かなくてならないのである。

仲間内なら、極端に言えば、目配せ１つで何を考えているかがわかる。けれど、言葉は親しい仲間以外の人とも意思疎通して、争いごとを起こさないためにある。

その能力に欠けているとしたら、これから日本人がグローバル社会で存在感を発揮するのは難しくなるばかりだ。

お隣の韓国は国土が日本より狭い。人口も半分以下の約５０００万人である。国内市場だけ相手にしていても経済が成り立たないから、国策として早くから海外志向が強かった。

元来は日本と同じハイコンテクスト社会だが、グローバル化のために世界の共通語としての英語教育、コミュニケーション教育を早くから進めてきた。

一方、日本は人口が韓国の2倍以上の約1億3000万人いるので、国内市場だけを相手にしていても商売が成り立つ。日本人の英語が下手なのは、英語を使わなくても、日本語だけですべてがまかなえる社会で暮らしており、不自由を感じなかったからである。

卑近《ひきん》な例を挙げるなら、赤城乳業の『ガリガリ君』という人気の氷菓は、海外進出を目論まなくても、日本国内だけで売っていても商売になっていた。

これから日本の少子高齢化は一層進む。赤城乳業のように内需メインであった企業でも、この先は国内市場だけを相手にしていても、ビジネスにならないケースが頻発する。日本企業の多くは海外に活路を見出すしかない。

その足を引っ張るのが、日本人のコミュニケーションやプレゼンの経験値の低さであり、ハイコンテクスト社会に甘えた話し方、伝え方の未熟さである。その点に若者はもっと危機意識を持ってほしい。

なぜアメリカ大統領はスピーチ上手なのか

アメリカの大統領は、スピーチが上手というのが通説である。

エイブラハム・リンカーンは、有名なゲティスバーク演説で「人民の、人民による、人民のための政治」という名文句を残した。

ジョン・Ｆ・ケネディは大統領就任演説で「国家があなたに何をしてくれるかを問うのではなく、あなたが国家に何ができるかを問うてほしい」と語った。

確かにどちらも名文句である。

アメリカの大統領選挙では、討論会でのスピーチの良し悪しがその行方を左右すると言われる。

それに比べると日本の政治家はスピーチが下手で、気の利いたジョーク１つ言えない。そういう嘆きの声もちらほら聞こえる。

けれど、アメリカ大統領、あるいは大統領候補の全員が生まれながらにしてスピーチの天才なのではない。

大統領、大統領候補ともなると、プロの応援団が山ほどついている。洋服を選ぶスタイリスト、髪型や化粧をするヘアメイクアップ・アーティスト、そしてスピーチの内容を決めるライターも側に控えている。

スピーチに関して言うなら、アメリカ大統領クラスになると、スピーチの骨子であるシノプシスをつくる人、それをスピーチとして話す原稿に仕上げる人という2通りのライターを雇っている。

極論するなら、スピーチには大統領の本音の言葉なんて、どこにも入ってない。ケネディの就任演説も、セオドア・C・ソレンセンというスピーチライターがつくった草稿が元になっている。

大統領に限らず、アメリカで政治家のスピーチをつくるときには、大雑把に言って次のような3つのステップがある。

第一に、訴えるべきターゲットが一体誰なのかを明白に設定する。

単純化するなら、中産階級未満で福利厚生を豊かにしてくれる大きな政府を望む人たちなのか、あるいは中産階級以上で小さな政府を望む人たちなのか。それをはっきりさせるのだ。

第二に、そのターゲットに訴えるコンテンツは何なのかと考えて、ストーリーを練り上げる。

大きな政府を望む層には、移民に職を奪われないように雇用を守ると訴える。小さな政府を望む層には、健康保険などの公的サービスを最低限に抑えて、減税をすると訴える。

第三に、それぞれのコンテンツをターゲットの感情に訴える文章に仕上げていく。

大衆というのはロジック（理論）に訴えるよりも、エモーション（感情）に訴えかけるほうが行動に結びつきやすい。この大衆の特質を歴史上最も上手く活用したのが、ナチス・ドイツのアドルフ・ヒトラーであり、右腕の１人でメディア戦略を担当したヨーゼフ・ゲッペルスである。

日本の政治家でも、スタイリスト、ヘアメイクアップ・アーティスト、スピーチライターといったプロの応援団をつける人も出てきた。しかし、まだアメリカほど本格的ではない。

アメリカがＩＴと無人機を使ったハイテク戦争をしているとしたら、日本ではいまだに人海戦術的な発展途上国の戦い方をしていると言えるだろう。

日本では代議士が思いつきでしゃべっているのが現状だから、ときおり、とんでもない問題発言をする代議士も出てくる。

その違いはどこから来ているのか。前述のように、アメリカはローコンテクスト社会であり、政治でも言語でのコミュニケーションが大きな意味を持つ。だから、大統領たるもの、名演説ができて当然なのである。

ハイコンテクスト社会の日本では、政治においても言語でのコミュニケーションの優先度が低いのだろう。田中角栄のような情に厚い昭和の政治家が、いまだに愛されるゆえんである。

外国人は言葉以外に背景への理解が不可欠

外国人とコミュニケートするためには、彼らの文化的な背景への理解が欠かせない。単に言葉が通じるだけでは、質の高いコミュニケーションにはならない。

日本の歴史、文化、作法を知らない外国人と心を通わせるのは難しい。同じように、欧米人に対してはキリスト教、ローマ法、ギリシア哲学といった彼らの背景への理解が求められる。

ヨーロッパではイスラム教徒が増えてきたから、今後はイスラム教への理解も不可欠だ。これらは広い意味での教養である。

外国人とのコミュニケーションを円滑にするのは、流暢な外国語だけではない。平素の読書などで多くのインプットをして、どのくらい教養を養っているかが問われる。

加えて推理小説やゴルフのような個人的な趣味などに共通項を見つけると、なおよい。たとえば、何かの拍子に、お互いがアガサ・クリスティの熱烈なファンだとわかったら、それだけでも打ち解けた気分になれるものだ。

共通項という点では、悪口を活用する手もある。

たとえば、ヨーロッパの人と仲良くなろうと思ったら、アメリカ人の悪口を言えばいいだろう。東南アジアの人と仲良くなりたいなら、中国人の悪口を言っていれば、だいたい意気投合できる。

アメリカ人なら東部の出身者には西海岸、西海岸の出身者には東部のアイビーリーグの悪口を言っていれば仲良くなれる。「毒薬変じて甘露となる」という喩え通り、悪口もこういう使い方なら役立つこともある。

言うまでもなく、悪口はとっかかりにすぎない。いつも誰かの悪口ばかり並べ立てていたら、「きっと他のところでは私の悪口を言っているに違いない」と疑いをかけられて信頼されない。

相手の懐に入って親密になるには、誠実さと正直さで接する他ない。これは日本人相手でも、外国人相手でも変わらない、コミュニケーションの本質である。

関心があるのに知らないことを探せ

ビジネスパーソンは、上司とのざっくばらんなコミュニケーションから学べることは多いはずだ。

上司の側に立ってみると、たとえば新人君と飲みに行っても、さほど得るところはない。仕事においても人生においても、経験量と情報量が天と地ほどにも違うから、仕方がない。

だから、私自身は入社1年目の社員と食事に行くことは滅多にない。

先日、たまには若い連中の考えていることを聞いてみるのも悪くないかもしれないと思い、若手社員と久しぶりにご飯を食べに行ったのだが、期待は幻滅に終わった。

その席で「せっかくの機会だから、何でも質問していいよ」と私が水を向けたら、1人の若手からのっけに出てきた質問が「堀さんは週末、どのようにすごしていらっしゃるんですか？」という毒にも薬にもならないものだった。

呆れた私が「テレビのインタビューでも、もうちょっと洒落たことを聞いてくるぞ。こうやって何でも聞ける良いチャンスがあるのに、どうしてつまらない質問しかできないんだ？」と言うと、青菜に塩で参加者全員がシュンとしてしまった。

そこで私は「何でもいいから、君たちが知っていて、俺が知らないと思うことを言ってみなさい。それも、知ったら俺の役に立つか、または喜びそうな話をしてみなさい」と水を向けた。

ここまで読み進めた方はお気づきだろうが、これは伝え方の基盤となるマトリックスの応用である。

すると1人が思案した末にこう尋ねてきた。

「堀さん、ソフレってわかりますか？」

「セフレなら知っているけれど、ソフレって何だ？」

「添い寝してくれる友人のことです」

かくて私はソフレという単語を知り、この半世紀の間に日本という極東の島国で、男女関係とセックスに関してコペルニクス的な展開が起こったという事実を知った。

特段、役に立つ話でも喜ぶ話でもないけれど、休日のすごし方を語り合うよりマシである。

上司と話す機会があったら、上司は関心がありそうだけれど、知らないことを話してみよう。

上司に得るところがあれば、そこからコミュニケーションがトントン拍子に発展して思わぬリターンが得られるかもしれない。

目にかけてもらえるような話し方

話術を磨く以前の話として、自分の内面に何か本物がないと意味がない。俳優さんのように見かけがカッコ良くても、伝えるべき中身がないと、誰1人として積極的にコミュニケーションを取ってくれない。

俳優さんならたとえ中身が空っぽでも脚本家が書いたシナリオ通りにしゃべればいいが、人生には誰かが用意してくれたシナリオは存在しない。自分自身で作り上げるしかない。

逆に内面に光るものを秘めていれば、外見や経歴や肩書きがどうあれ、内側から人を惹きつけるチャーミングさがにじみ出てくる。

そういう人たちは、なぜ魅力的なのか。それは目指すものがあり、そのために犠牲を払って努力をしているからだ。

真摯な努力を欠かさない姿は、別の分野で別の目的のために生きている人間にも共感を呼ぶ。それが若者であれば、人生の先輩として救いの手を差し延べたくなる。

目指すものがなく、努力もしない人は、年上から見て魅力はない。周囲も応援しようという気持ちにならない。周囲の支援がないから、余計に何もできなくなるという悪循環にハマる。

いまの日本には、そういう悪い循環にハマり、もがき苦しんでいる人が多すぎる。

生まれたときから値打ちのある人間はいない。いるとしたら、それはロイヤルファミリーのような特殊な存在に限られる。

では、何がその人の価値をつくるのか。目標を追い求める日々のプロセスに他ならない。言い換えるなら、その人の価値を高めるのも貶《おとし》めるのも、本人の生き様なのである。

どういう目標に向かって努力するか。それを決めると、読みたい本、読まなくてはならない本が明快になる。知り合いたい人、話したい人もわかってくる。

次の段階として、自らを目標に向かって押し上げてくれる人たちと、コミュニケーションが取れる環境はどこかを考える。

その地点に達してようやく、そういう人たちに目にかけてもらえるような話し方、伝え方は一体何かという段階に至る。

若者には話し方、伝え方をスキルとして身につけることを優先している人が多い。でも、一度会ってゆっくり話がしたいと思わせるものが自分にないと、スキルを磨いても宝の持ち腐れになるだけである。

表面的なスキルの研磨に時間を使うなら、また会って話したいと思われる人間になる努力を優先してほしい。

肝心なのは内面を輝かせる不断の努力

「目指すものがない」という悩みを抱えている人も多いようだ。でも、目指すものはこれからつくっていけばいい。

私は早稲田大学で「大隈塾」という講座に年1回、出講している。そこで先日、「君たちは大学に何をしに来たのか」というテーマを受講生に投げかけてみた。

テーマを聞いて、大半の学生は「困ったな」という顔をしていた。「俺は目的なんか持っていない。社会に出てからつぶしが利きそうだから、取りあえず早稲田大学に入っただけ」というのが大半の学生たちの本音だろう。

しかし、そんな本音をもらす学生を非難するのはお門違いだ。なぜなら、一方通行の講義形式をメインとするわが国の教育プログラムでは、将来どういう人間になりたいのかを真剣に考えさせる授業や教育がないに等しいからである。

そこで私は学生たちに「何も考えないで大学に入ってきたとしても、ボロクソに言われるような話ではない。大学を出るまでに、どういう人間になりたいのか、何を目指すかの輪郭がおぼろげにわかれば、それで上出来だよ」と伝えた。

私自身、大学を出るときに自らの進みたい道がはっきり見えていたわけではない。その証拠に会社だっていくつも変わっている。決して人様に偉そうに説教ができる身分ではない。それは重々わかっている。

大隈塾の塾頭は、私の盟友でもある田原総一朗さんだ。田原さんは早稲田大学を出て岩波映画製作所へ入った。そこからテレビ東京を経て、フリーのジャーナリストとして巨人となった。

私はというと東京大学から読売新聞社に入り、その後三菱商事を経て、ＢＣＧへ。どちらがエリート街道かといえば、偏差値的な視点では田原さんよりも私の歩んだ道だと思うかもしれない。

だが、私に言わせると、田原さんのほうがはじめから目的意識が高くて、一本筋の通った人生行路を旅しているように思える。私の経歴を眺めると、豪華客船での優雅な旅を思い浮かべるかもしれないが、その実態はイバラの道だった。

私も遅ればせながら55歳になったとき、自分が何をしたいのかわかり、ドリームインキュベータという会社をつくった。

人生とは、自分のやりたい何かを探す旅に他ならない。私のように人生の後半戦に入り、進むべき道がやっと見つかるケースだってある。

だから、若いうちから、「やりたいことがない」「未来像が見えない」と焦らなくてもいい。

肝心なのは、内面を輝かせる不断の努力である。

そのために不可欠なのは、読書というインプットであり、自らを引き上げる手助けをしてくれる先輩たちとの良好なコミュニケーションなのだ。

Column 5

裏表なく正直を貫く

クラブ・ディールのメンバーとの付き合いでも、相互尊敬と相互信頼が根底にある。だからこそ、私たちに何ができて、何ができないかを包み隠さず伝えてある。非常に正直な付き合いをしていると自負している。

日本という国を名実ともに動かしているのは、霞が関の官僚たちである。そのトップである各省庁の事務次官や局長級に会って突っ込んだ話がしたいなら、1時間くらいは時間をもらう算段は整えられる。

なぜなら、私たちは官僚たちと日本の未来を見据えた損得抜きの関係性があり、それだけ信用を勝ち得ている。クラブ・ディールの仲間たちにも、そう伝えている。

なぜ、そういうことができるのか。クラブ・ディールとDーの間に信頼関係があり、霞が関や大企業とDーの間にも信頼関係があるからだ。完全な民間資本による営利企業でありながら、公共性が強くにじみ出ているのが強みとなっている。

しかし、事務次官の上の大臣にアポイントメントを取ってくれと言われると、無条件にイエスとは言えない。大臣ともなると利害関係、損得勘定が関与する。

私はギブ・アンド・テイクでないとアポが取れないようなところとは、付き合わないと昔から決めている。だから「頼まれても口利きは難しい」と隠さずストレートに伝える。

ストレートにそう伝えると、彼らは「おまえの考え方、立場はよくわかった。ありがとう」と返事をしてくれる。この例が示しているように、自分に何ができて何ができないかを包み隠さず、率直に伝えることは良好なコミュニケーションの礎となる。

ビジネスパーソンの場合、相当自信がないと、なかなかそこまで割り切れないだろう。特に重要な案件が絡んだ相手に、素の姿を見せるのはかなりの勇気がいる。

それでも、20～30代でまだ胸を張って語れるだけの経験がないのなら、そう素直に伝えるべき。そこで背伸びをしなくてもいい。

相手の素質や物事のタイミングによって、どういう接し方がベストかは変わってくる。だが、重複を恐れずに伝えたいのは、誰に対しても裏表のない誠実な態度の尊さだ。人によって態度を変えるのは最悪である。

誰しも心の奥底では、自分にも相手にも、正直でいたいと願っている。その本音が叶わないときもあるゆえに、不利益を承知で正直で潔い態度を貫き通す相手に共感が生まれる。それは、自らが望んでできなかったことに挑んでいる者への賛辞を含む共感なのである。

理詰めで相手の信頼を勝ち得る方法もあろう。でも、共感を引き出したうえでの信頼関係は何物にも代えがたい価値がある。

第6章

「話が上手い」と感心される人

弱みはのちに強みになる

本書で何度も指摘しているように、大事なのは話の中身である。伝え方は二の次なのだが、相手の立場に立つと、同じ話の中身ならわかりやすく伝えたほうが良い。伝え方を改善したいなら、録画して10回練習すると良いと前述したが、自分のしゃべりをＩＣレコーダーやスマホに録音して聞き返すことも勉強になる。パートナーがいたら、会議やプレゼンをシミュレーションして質疑応答をしてみる。いなかったら、１人芝居をすればいい。

鏡を見ないと自分の顔つきがわからないように、話し方も録音して聞き返さないと客観視できない。録音を聞き返しながら、気になる点をメモして修正する。早口になっていないか、滑舌は悪くないか、無意味な接続詞を多用してはいないか……。聞き手が不愉快になりそうな語り口を１つひとつ直していく。地道だが、少しでも上手く話そうと思ったら、この方法しかない。

人間という動物は親から手取り足取り教わらなくても、ある段階に達したら１人で歩き出し、やがて駆け回る。基本的な身体能力は先天的に備わっているのだ。

それとは逆に話す、伝える、聞くという能力は先天的なものではない。そもそもコミュニケーションの道具である言語は学ばないと身につかない。「母国語」という言い方は、子どもはおもに母親から言語を学ぶことに由来している。

裏を返すと、先天的に備わった身体能力よりも、後天的に身につけるコミュニケーション能力のほうが伸びしろがある。練習と努力だけでオリンピック選手になるのは難しいが、口下手でも練習して努力すれば話し上手になるのは難しくない。

私自身、話し方は他の人よりも相当研究している。それは外国暮らしが長く、母国語でコミュニケートできないことが多かったからだ。

外国暮らしで使っていたのは主に英語。ネイティブと比べると、英語力では劣る。この英語力の不足を補うために、話すときの抑揚や強弱のつけ方をずいぶんと工夫したのである。

前述したように転結起承、山場やだれ場といった話の組み立て方も考えた。コミュニケーションの弱さを補うために身につけた能力が、のちに経営コンサルタントとしての強みになった。

自分の話し方を録音して聞き返してみて、「オレってこんなつたない話し方をしていたのか！」とショックを受けたとしても、落ち込まなくてもいい。誰にでも伸びしろがある。私の例が示すように、弱みを強みに変えることもできる。

考えて悩むプロセスが欠かせない

何かを学ぶときはお手本があると良い。学びは真似からはじまる。

聞き手に心地良いしゃべり方を身につけるとしたら、「この人はしゃべりが上手いな」と感心するお手本を探してみる。

同期でも、先輩でも、クライアントでも、お手本は誰でもいい。「あの人と会うと会話が弾む」と思ったら、相手はあなたよりも話し方、聞き方が得意である。

もし周りに見当たらないなら、テレビに出ているアナウンサーでもＭＣでも政治家でもいい。その特徴や気づいたことを細かくメモに書き出して、良いと思うところは真似してしゃべってみよう。

ただし、真似るだけで終わっては、本物のスキルは身につかない。

野球の話が多くて恐縮だが、セ・パを代表するスラッガーにヤクルト・スワローズの山田哲人選手がいる。彼のスイングをそっくり真似たからといって、誰もが打率３割になるわけでもないし、ホームランが30本以上打てるわけでもない。

山田選手は、自らの体格や体の使い方に則したフォームをつくり上げている。フォームの他にも、打撃センスと総称されるさまざまな能力のシナジー効果で目を見張るような活躍ができている。体格や体の使い方、打撃センスの異なる他人が上っ面だけなぞっても、上達するわけがない。

話し方、伝え方の学びも、それとまったく同じ。単なる真似で終わらないためには、自分に合わせたアレンジが絶対にいる。

元アナウンサーが書いた伝え方の本を読み、その通りに実践するだけでは、心に響く伝え方は身につかない。最後は自分の頭で考えるというプロセスが欠かせないのだ。

お手本の良いと思うところを真似てしゃべり、ＩＣレコーダーやスマホに録音して何度も聞き返して、どれが自分にフィットするかを考えながら厳選して我がものにする。何よりも大切なのは自分の頭で考えて、悩むプロセスである。

これは話し方、伝え方に限った話ではない。

大事なことは「ピアニッシモ」で話す

ここからは反復練習と真似からはじまる学びの重要性を踏まえて、私流の極意を伝えたい。

話し方には「抑揚」「緩急」「強弱」という3つの要素がある。これを上手く組み合わせると伝える力は高まる。

抑揚のない話し方は、シナリオを棒読みするようなもの。心がこもったように感じられないから、相手の心に響かない。声の調子を高めたり、抑えたりしながら、抑揚をつけた話をしよう。

緩急とは話すスピード。早口すぎると聞き取りにくいが、ずっとスローペースだと聞き手の集中力が落ちる。聞き手がだれると、こちらの言いたいことも伝わりにくい。一本調子にならないように、ちょっぴり速く話すパートとわざとゆっくり話すパートを設けると良い。

強弱、つまり声の大きさについても変化がほしい。楽器の演奏記号で言うなら、「フォルテ」（強く大きい）のところもあれば、「ピアニッシモ」（弱く小さい）のところもあったほうが、聞き手は退屈しないで話に引き込まれる。

私は、ここぞというところはあえてピアニッシモで小さくしゃべり、枝葉末節は普通の声の大きさで話す。意地悪に思われるかもしれないが、そうしたほうがきちんと伝わる。

考えてみてほしい。「ここだけの話だけど」と秘密を誰かと共有するときは、他の人に悟られないように小さなヒソヒソ声で話すもの。小さな声になると「ここから大事なところがはじまるぞ」と聞き手は本能的に察する。そして聞き逃すまいと聞き耳をそばだてるから、小さな声で話しても通じるのだ。それにフォルテで大きな声でしゃべってしまうと、秘めごとすら周りに筒抜けになってしまう。

どの組み合わせがいいのか。ＩＣレコーダーやスマホに録音して聞き返しながら、あれこれ試してみよう。そこから自分なりのスタイルを見つけると良い。

どのスタイルで話すにしても、同じ調子で長時間続けないことが肝心だ。野球のピッチャーになったと思えばいい。高い球と低い球、速い球と遅い球、外角と内角の配球を毎回変えるから、相手のバッターはきりきり舞いする。

同じ配球で投げ続けていると、バッターの目が慣れてめった打ちにあう。同様にずっと同じコンビネーションでしゃべってしまうと、聞いているほうが慣れて眠くなってしまう。これでは伝えたい内容が半分も伝わらない。

日本語は同音異義語が多いので早口を慎む

私は作曲家の三枝成彰さんがはじめた『エンジン01』というボランティア集団に参加している。文化人、芸能人、知識人など250人くらいが集まり、日本文化の深まりと広がりを目指している団体である。

その『エンジン01』には年1回の通常総会があり、その後、恒例の座談会が開かれる。先日も私と経済評論家でテレビでも活躍している女性と、資産防衛をテーマに話した。

彼女は駐車場経営の話をした。うまいところで土地を借りて駐車場を経営すると年率15%ほどの利益が得られるという。話の内容は面白かったのだが、彼女には直すべきところがあると感じた。早口すぎるのである。

彼女はもともと早口だったのかもしれないが、テレビに出るようになってから拍車がかかったのではないだろうか。私もテレビに出演していた時期があるからわかるが、日本のテレビでは早口で話す人がもてはやされる。これはおそらく日本だけの特異な現象だろう。それを見ている視聴者も早口のほうが良いと誤解しては大変だ。

しゃべりには緩急をつけたいものだが、話すスピードを速くするときも、早口にする必要はない。早口だとかなりきれいな標準語で話さないと聞き取りにくい。なぜなら、日本語は同音異義語が多いからである。

たとえば、「かき」という発音で、柿、牡蠣、火気、夏期、花器、火器、下記と多くの同音異義語がある。あるいは「きかん」という発音でも、機関、期間、器官、気管、帰還、基幹、既刊と意味の異なる単語が多数ある。

どうして日本語には同音異義語が多いのか。最大の理由は母音が「あいうえお」の5個しかないためだ。「かきくけこ」といっても、「K」に「あいうえお」がついているだけ。少ない母音で多くの言葉を表現するために、必然的に同音異義語が増える。

その昔、中国から漢字を輸入した際、中国語では発音が異なるのに、日本語では同じ発音を割り当てるものが頻発したのである。

同音異義語が多いと、何を話しているかが瞬間的にわかりにくい。しばらく話を聞いてみて、文脈に照らして「あの〝かき〟は〝花器〟だったんだ」とわかる。それなのに早口で話されると文脈を追いづらい。同音異義語がフォローしにくいのだ。

同音異義語は、駄洒落をつくりやすいのが唯一と言っていいメリット。コミュニケーション上はデメリット以外の何物でもない。

早口のもう1つの欠点は、抑揚をつけるゆとりがなくなり、話がフラット、モノトーンになってしまうことだ。抑揚がないと論点がどこにあるかがわかりにくい。いい話をしているのに、大事な部分が聞き手に伝わらないとしたら、話し手と聞き手の双方にとってもったいない。

日本語の使い手の基礎的な素養として、早口のデメリットを知り、大切なところは噛んで含めるようにゆっくり話すように意識したい。

3分間スピーチで時間感覚を養う

相手に思いを正確に伝えたいと思ったら、できるだけ端的に、シンプルなコミュニケーションを心がけたい。

無駄な形容詞、お世辞、飾り言葉を取っ払って、核心を伝える。これを心がけるだけで、相手の理解度は格段に高まる。

ビジネスの現場で相手に時間を浪費させていると気づかず、延々と売り口上を続けていたら、好感を持たれるわけがない。たとえ興味深い話をしていたとしても、「そろそろこのあたりで」と席を立たれるのがオチである。

誰にとっても時間は有限だ。優秀なビジネスパーソンほど時間を無駄にしないから、短い時間で端的に伝える訓練も欠かせない。

私はテレビに出演するようになって間もない頃、民放のニュース番組の最後に、1分40秒でその日のテーマを解説する仕事をしていた。

生番組&全国中継だからミスは許されない。その後すぐCMに入るから、1秒でも長いと途中で尻切れトンボになるし、短いとテレビ業界の用語で「す」という不自然な間をつくってしまう。

尻切れトンボになるくらいなら、3〜4秒短くても構わない気もするのだが、実際の放映では3〜4秒の間は気が遠くなるなるほど長く感じられる。

ベストは1分40秒ジャスト。それよりも1～2秒短い1分38～39秒で終われたら、及第点である。

いよいよ本番が近くなるとディレクターが、スタジオの外で待機している私の側にやってくる。そして「じゃあ堀さん、話してください」とリハーサルがはじまる。話し終わると、「いまので1分37秒ですから、本番ではあと2秒引っ張る感じでお願いします」といった指示を受けてから、毎回本番に臨んでいた。

その番組を1年、回数にして50回ほどこなしたおかげで、腹時計というか時間感覚が身についた。

結婚式でスピーチを頼まれても、「大体ここらあたりで3分くらい経ったな。5分を目安にしてくれという話だったから、あと2分話せばいいな」と時間の長さに対する感覚が養われたのだ。

時間感覚を身につけるにも、反復練習しかない。

132ページで触れたように、欧米諸国は、学校教育で時間を区切った3分間スピーチのような授業を取り入れている。それは話し方、伝え方を磨くとともに、時間感覚を身につけさせる狙いもある。

日本の結婚式の祝辞が最悪なのは、中身が面白くないうえに、長すぎることである。その根底にあるのは、時間感覚の欠如である。

私はこれまで数々の結婚式に出てきたが、来賓挨拶で感心したためしがない。だいたいは「ご指名に預かりました○○です。高い席からお話をさせていただいて誠に恐縮です。諸先輩がいらっしゃるなかで、本来なら私ごときが話すのは誠に僭越ですが、御指名ですのでお祝いをひと言述べさせていただきます」といった紋切り型の前口上ばかりが長い。何の意味もないし、聞いていて退屈極まりない。

欧米の学校を真似て、テーマを決めて3分以内にプレゼンする練習をしてみたらどうだろう。

「3分って想像以上に短い」と感じたら、自分が思っている以上に長話をしている恐れがある。32ページで触れたように、飽きずに人の話が聞けるのは13分が限度だから、1テーマを3分以内で語れるようになったら、一度に4つのテーマについてしゃべれるようになる。

それで「いつも話がコンパクトで話題が豊富だね」という評価が得られたら、しめたものである。

話のつかみ方

話しはじめに、聞き手の心をつかめるか、つかめないかは大きい。それは講演でも、ビジネスパーソンのトークでも同じである。

本題に入る前の導入部分を、落語では〝枕〟、芸能では〝つかみ〟という。枕、つかみでこちらの世界に引き込めたなら、こちらの言いたい内容がそれだけ通じやすくなる。

以前、上海で講演をしたとき、私はこんなつかみから入った。

「皆さん、東京に来られたことがありますか？　ある方は手を挙げてください」

そう言うと、聴衆の3分の1以上が手を挙げた。

「大勢いらっしゃいますね。東京へ来られたなら、東京でお食事をされましたよね。中華料理を食べられた方、どのくらいいますか？」

次にそう尋ねたら、やはり3分の1以上が手を挙げる。

「東京の中華料理は、北京の中華より美味しかったと思った方、手を挙げてください」

続いてこう尋ねても、挙手する人の数は変わらない（上海人は北京人に対抗意識があるから、わざと「上海の中華よりも」と聞かなかった）。

「東京の中華料理は、北京の中華よりまずかったと感じた人、手を挙げてください」

最後にそう尋ねたら、数人しか手が挙がらない。そこで私はつかみをこう締めた。

「東京はすごい都市ですね。なにせ北京より中華料理が美味しいんですから」

こう言うと、東京を訪れた経験がない人も、訪れたとしても中華料理を食べなかった人も含めて会場中が爆笑した。これでつかみはＯＫ。枕を入れず起承転結で淡々と順序立てて話すより、オーディエンスの共感度が高くなる。

欧米では、ビジネスの現場でもジョークを言ってから話の本題に入るのが常とう手段。ジョークも枕であり、つかみである。アメリカの大統領補佐官あたりでも、会見の前にどういうジョークで会見を沸かせようかと、必死に考えている。

話をわかりやすくするエピソード

話が抽象的だったり難しすぎたりすると相手は嫌になる。だから、途中で具体的なエピソードを織り混ぜてわかりやすくしてあげると良い。

だから、使えるエピソードはなるたけ多くストックしておくべき。それを可能にするのも、読書などのインプットが培う、教養の賜物である。

話に盛り込みたいエピソードには2つの種類がある。

1つはニュース性の高い直近のエピソード。聞き手の記憶に残っている新鮮さで勝負する。

たとえば、中国からのインバウンド（訪日外国人旅行者）が増えて、東京・銀座あたりでは多くの中国人観光客がショッピングに訪れている。

そこで「先日、銀座を自動車で通りかかったら、大きな荷物をいくつも抱えた中国人観光客でごった返していました。中国人は銀座でブランド品をたくさん買いますが、敬遠されているブランドがあるのを知っていますか？」といった話をする。

そして「それはルイ・ヴィトン。皆さんも1つくらいはモノグラムが入ったアイテムをお持ちじゃないですか？　ところが、銀座のデパートで正真正銘の本物を買って中国へ帰っても、中国にはあまりにルイ・ヴィトンの偽物が多く出回っているので、本物だと信じてもらえないのが悔しい。だから敬遠されているのだそうです」と解説する。聞き手は大笑いしながら納得してくれる。

「中国のコピー文化の背景」といった少々硬いテーマでも、このような肩の力が抜けるエピソードを途中に入れてやると、聞き手は飽きずに最後まで付き合ってくれる。

2つ目は、言うなればブランド物のエピソード。新鮮さはなくても、誰もが立派だと思うような人物に因んだものである。

私の講演では、日頃から交遊がある三枝成彰さんや林真理子さん、秋元康さんと交わした会話をエピソードとして使うことがよくある。音楽や文学にそれほど興味のない人でも、この人たちの名前は知っている。だから話に興味を持ってくれる。

著名人の知り合いがいる読者は稀だろう。それならナポレオン、アインシュタイン、カント、織田信長といった古今東西の歴史上の偉人のエピソードを盛り込む。

その際は手垢がついていないものを見つけないと、「またその話か」と飽きられる。「ナポレオンは3時間しか寝なかったそうです」といった話は誰でも知っている。それは、結婚式の祝辞で「雨降って地固まる」とか「大事にしたい3つの袋があります」と言うようなもの。

ナポレオン絡みなら、「ナポレオンはアフリカ沖の絶海の孤島であるセントヘレナ島に追放されて最後の6年間をすごしました。そこで彼は3000冊の本を読んだそうです。1年で500冊ペースですが、あなたは果たして1年にどのくらい本を読みますか?」といった知られざるエピソードを発掘したほうがいい。

エピソードを盛り込むときに忘れてはならないのは、どんな面白いエピソードにも賞味期限があるということだ。何度も話していると話しているほうが飽きてくるし、それが聞き手にも伝わって話の面白みが薄れてくる。

講演における私の経験では、同じエピソードは5、6回繰り返すと脂が乗って話しやすいし、聞き手の反応も良い。7、8回目をすぎると、話しやすくはなるのだが、こちらの情熱がなくなってくる。

話し手と聞き手は共感し合うもの。こちらに熱がなくなったら、聞き手も熱心に耳を傾けてはくれない。

空で話せるようになるまで噛み砕く

私は講演で用意した原稿を棒読みしたりしない。

日常の会合や会議の類いでも、メモを見ながらは話さない。何を話すかは頭のなかで完全にイメージができている。だから紙を見なくていい。

結婚式で祝辞を述べるときも原稿は持たない。唯一胸ポケットに忍ばせているのは、新郎と新婦の名前を書き入れたメモだけ。万が一でも、結婚式で新郎新婦の名前を読み間違ってはならないから、その保険のようなものだ。

原稿やメモを見ながらでないと話ができないとしたら、自分の頭のなかで話が熟成してこなれていない証拠である。

自分自身が理解していない話、噛み砕いて咀嚼できていない話が、相手の心に響くわけがない。日本の政治家の話が1ミリも心に響かないのも同じ理由。官僚が用意してくれた原稿をそっくりそのまま読むだけであり、本人が話の内容を少しも咀嚼していないからである。

どのような話を誰にするにしても、メモや原稿を見ずに話せるようでないと困る。空《そら》で話せるようになるまでコンテンツを噛み砕いて、頭のなかでイメージを固めなくてはならない。その作業を怠るのは、話を聞いてくれる相手に失礼である。

話すときは相手の目を見る

話すときはメモや原稿ではなく、必ず相手の目を見る。

当たり前の話のようだが、視線を合わせなかったり目が泳いでいたりする人は少なくない。

すでに触れたように、目は人間の身体のなかで唯一大脳が露出しているところだ。大脳で考えていることは、目というスクリーンに投影される。だから、口で嘘をつく人は大勢いるけども、目で嘘をつける人はいない。

もし目で嘘がつけるなら、希代の詐欺師になれるだろう。

あなたが心の底から、「私はおかしなことを言っていない。あなたを騙《だま》そうとは微塵も思っていない」というのならば、何よりも目で訴えなくてはならない。相手の目を見られないなら、無意識レベルで何かやましいところがある。

何らやましい点はないのに、自分に自信がないから、相手の目が見られないという若者もいる。

経験も実力もない若手に自信がないのは当たり前。歯を食いしばって、相手の目を見なさい。

場合によっては、「私は自信がなくて、相手の目を見てお話しするのは苦手です。でも、先輩から目を見て話さなくちゃいけないと教わったので、今日は頑張って目を見てお話します」と断って頑張ってみてほしい。

知りたい情報はすべて聞き手の目に映っている。そこから目を反らして、どうやってコミュニケーションが交わせるのか。

聞き手の関心や興味から外れた話を延々と続けたら、波長が合わない相手と思われて敬遠されるだけだ。

聞き手の関心がどこにあり、知りたい情報は何なのか。自分の話は先方の関心や興味にマッチしているのか。

目と目を合わせて話し、相手の反応を見ながら興味と関心に則した話をすると「あの人と話すのは楽しい」「また会いたい」と思われる。心も通じて良いコミュニケーションを交わせる。

仕事の質も上がり、徐々に実力と自信がつくと相手の目を見て話せるようになるから、好循環でさらにコミュニケーションは上向く。目を見ないで上手く話してやろうなんて考えてはいけない。

カトカンさんに学んだこと

　私の話し方、伝え方のお手本になっている人がいる。それは加藤寛さん（１９２６～２０１３年）、通称・カトカンさんである。

　カトカンさんは慶應義塾大学の出身であり、日本の経済政策の理論と実践において、長らく中心的な役割を果たした偉大な経済学者である。

　国鉄を民営化してＪＲにしたときの立役者の１人で、政府税調のまとめ役を長らく務めた。

　行政改革の一環として間接税中心の税体系の導入を推進したのも、忘れられない功績である。

　カトカンさんと慶應大で一緒だった竹中平蔵さんも、小泉純一郎内閣で経済財政政策・金融担当大臣を務め、バブル経済の不良債権処理を進めた。

いずれも日本という国の改革を担った方だが、実質的な成果を比べるとカトカンさんに軍配が上がる。

カトカンさんは、いわゆる学者馬鹿ではない。大学の先生としては珍しく融通無碍であり、人の心をつかむ天才だった。人を褒めていい気持ちにさせて、心をつかむのだから、話もお手の物である。

親しく話をするなかで、私は加藤さんからさまざまなことを学んだ。その話芸はいつの間にか、私の血となり肉となっている。

カトカンさんの気づかいを感じた経験は何度もある。あるときは突然電話があり、話し方について演技指導をしてくれたこともある。

「たまたまテレビをつけたら、君が出ていた。コメントの内容は素晴らしくて感激したけれど、あの言い方はどうもね。こういう言い方をしたほうがいいよ」

この電話をもらったとき、私は驚くとともに大いに感動した。こんなふうに気負いなく「I Care You.」(私はあなたを気にかけています。あなたの役に立ちたい)を伝えられたら、コミュニケーションも人間関係も豊かになる。

“芸”に見えるうちは話術も本物ではない

カトカン流の話術をいくつか例に挙げてみよう。

カトカンさんは講演で「これはもう皆さんとっくにご存じだと思いますが」と切り出し、その後に99％の人が知らない話をする。

知っている話が来ると思って油断していたところに、知らない話をされると意表を突かれるものだ。

その後の肝心なメッセージをむさぼるように聞くから、コンテンツがオーディエンスによく伝わる。

その話し方も、カトカン節ともいうべき独特の柔らかい言い回し。結構きついことをおっしゃるのだが、言い回しが柔らかいから敵をつくらない。

ダジャレの名人でもあった。耳に痛い話をするときもダジャレを交えるから、相手も聞いていて不快に思わず、すっと腑に落ちる。

たとえば、官僚の悪口を言うときは、「霞が関のお役人さんは、みんな東大を出て偉い人たちですがね、さっぱりダメなんですよ。鳥でいうなら、あれはキュウカンチョウですね。キュウカンチョウを漢字でどう書くか、ご存じですか？」と切り出す。そして論壇に置かれたホワイトボードに「九官鳥」ではなく「旧官庁」と書く。その場で思いついたのか、事前に準備していたネタなのかはわからない。こういう洒落たやり方を嫌味なくさらっとされる方だった。

武術では達人になればなるほど、技が切れているように見えない。話芸も〝芸〟と思わせているうちは一流ではない。

技が切れているように見えるのは、技がまだ堅い証拠。技量があるのかないのか、わからないうちにいつの間にかやられてしまった。それが達人の戦いぶりであり、カトカンさんはそういう柔らかい技を持っていた。

どこから切り込んでみても、サッと外して返してくる。返す刀で柔らかい刀さばき、話し方をされる方だった。

私はカトカンさんには遠く及ばない。しゃべり方、コミュニケーションもあの領域に入ってくれれば、達人レベルである。

ユーモアは天性のセンスが欠かせない

カトカンさんのようにさりげないユーモアを話に盛り込むのは、話し方のテクニックとしてはかなりレベルが高い。ユーモアは時代性や地域性を反映するので、状況に合わせて高度なチューニングが欠かせないからである。

古代ギリシアのギリシア悲劇は30篇以上残っており、現代の基準に照らしても傑作が多い。それに対してギリシア喜劇は20篇も残っていない。傑作、秀作も少ない。

その理由の1つは、悲劇よりも喜劇のほうが時代性や地域性を色濃く反映するため、その後の時代や他の地域では面白みが伝わりにくいからである。

吉本新喜劇はテレビへの大量露出で全国区の笑いになったが、それまでは関西地区限定の笑いだった。私はいまだに吉本新喜劇のどこが面白いのかさっぱりわからない。

レベルの高いユーモアを話に盛り込むと、コミュニケーションが豊かになる。でも、レベルの高くないユーモアは逆効果だ。私が吉本新喜劇に笑えないように、人によっては「どこが面白いの？」と違和感を抱かせてしまい、話の邪魔になりかねない。

無理にユーモアを盛り込もうとして〝すべる〟くらいなら、ユーモアを交えようと努力をしないほうがいい。背伸びして達人の真似をするのではなく、自らの舞台で身の丈にあった戦い方をすればいい。

ユーモアのセンスは歌唱力や運動能力と似ている。生まれつき歌が上手い人、スポーツが得意な人は確かに存在する。逆にどんなに練習しても、歌も運動も音痴のままというタイプは少なくない。

ユーモアのセンスもそれに近い。ならば不得意なところを伸ばすのではなく、インプットの時間を増やして教養を磨いてコンテンツを増やすなど、努力の見返りが得られやすい分野に時間を投資するほうが賢い。

Column 6

長く付き合うと化けの皮は剥がれる

経営コンサルティングでは最終的に「御社は具体的にこういう経営戦略を取るのがおすすめです」というレコメンデーション（最終提案）を行う。

結論を50枚程度のスライドにまとめて、経営トップを前にプレゼンテーションするのだ。その前に中間報告を行っているから、スライドにすると計100枚ほどになる。ボストンコンサルティンググループ（BCG）時代は1案件1億円として、口の悪いクライアントに「すげえな堀さん、スライド1枚100万円かい」と冷やかされたものである。

50枚ほどのスライドからなる最終提案のパッケージは、3つから4つのサブパッケージからなる。

そのサブパッケージは、それぞれの分野に強いシニアコンサルタントがまとめる。途中で打ち合わせを繰り返しながら、3つか4つのサブパッケージを最終的に一体化して最終提案が完成する。

その頃のBCGには、最終提案のプレゼンテーションが抜群に上手いオフィサーがいた。仮にAとしよう。オフィサーというのはコンサルタントのトップクラスであり、組織の幹部の1人である。

このオフィサーAは、実にユニークな人物だった。

自分でつくったパッケージを上手くプレゼンするだけでなく、他人のつくったパッケージでも、作成した本人より上手くプレゼンするという希有な能力の持ち主だったのである。

こんな話は普通では考えられない。パッケージは、それをこしらえた張本人の頭のなかを煮詰めて凝縮したようなものだからである。

それをクライアントにわかってもらう、補助的なツールとして1枚1枚のスライドがある。本来はその補助的なツールだけを使って、作成した張本人より上手くプレゼンできるわけがない。

ここまで話芸があれば、それは得難い才能である。

私は36年間に及ぶコンサルタント人生で何万人ものコンサルタントに出会ってきたが、このような話芸の持ち主は、彼と海外のコンサルタントと計2人しかいない。ただ、このオフィサーAのケースは例外中の例外だと思ってもらいたい。

本書で何度となく指摘しているように、中身がないのに、話し方や伝え方の技術で誤魔化そうとしないことが大切である。

ビジネスでもプライベートでも、長い時間付き合っているうちに、化けの皮が剥がれてしまい、相手から底の浅さを見透かされる。

著者略歴

堀紘一（ほり・こういち）

ドリームインキュベータ代表取締役会長。1945年兵庫県生まれ。東京大学法学部卒業後、読売新聞経済部を経て、73年から三菱商事に勤務。ハーバード・ビジネス・スクールでMBA with High Distinction（Baker Scholar）を日本人として初めて取得後、ボストンコンサルティンググループで国内外の一流企業の経営戦略策定を支援する。89年より同社代表取締役社長。2000年6月ベンチャー企業の支援、大企業の戦略策定・実行支援を行うドリームインキュベータ設立、代表取締役社長に就任。05年9月東証1部上場。06年6月より現職。

【大活字版】

心《こころ》を動《うご》かす話《はな》し方《かた》

2019年7月15日 初版第1刷発行

著　者　堀《ほり》 紘一《こういち》

発行者　小川 淳

発行所　SBクリエイティブ株式会社

〒106-0032　東京都港区六本木2-4-5

電話：03-5549-1201（営業部）

装　幀　長坂勇司（nagasaka design）

編集協力　井上健二

組　版　一企画

印刷・製本　大日本印刷株式会社

落丁本、乱丁本は小社営業部にてお取り替えいたします。定価はカバーに記載されております。本書の内容に関するご質問等は、小社学芸書籍編集部まで書面にてご連絡いただきますようお願いいたします。

本書は以下の書籍の同一内容、大活字版です
SB新書「心を動かす話し方」

© Koichi Hori 2016 Printed in Japan

ISBN 978-4-8156-0227-7